Hildegard Moos-Heindrichs

# Sticheleien

Kurz- und Kleinverse

HORLEMANN

Die Deutsche Bibliothek – CIP-Einheitsaufnahme

**Moos-Heindrichs, Hildegard:**
Sticheleien : Kurz- und Kleinverse / Hildegard
Moos-Heindrichs. - Unkel/Rhein : Horlemann, 1995
ISBN 3-89502-021-4

© 1995 Horlemann
Alle Rechte vorbehalten!
Buch- und Umschlag-
gestaltung:
Horlemann-Verlag
Gedruckt in Deutschland

1 2 3 4 5 / 97 96 95

# Inhaltsverzeichnis

## Knöpfe im Dutzend
9 Anleitung
10 Zugeknöpfter Klerus
12 Der Knopfdieb oder die verknopfte Hierarchie
16 Moderne Zeiten
17 Die Wacht am Rain
18 Die Sicherheitsnadel
20 Knopfgeschichten im Dunkeln
21 Mädchen, laß dir raten!
23 Edwin
24 Lockere Knöpfe
25 Druckknopf-Paar
26 Abzählverse
27 Erbgeschichten
28 Knöpfe im Dutzend
30 Der Tod der Muse
32 Schmuckknopf
34 Meine Kupferknöpfe
35 Knopffrühling
36 Wiesenknopf
38 Um K(n)opf und Kragen
39 Die Sache mit dem Haken
40 Welche Hutnummer, bitte?
41 Knopffrau im Knopfnest
42 Schere
44 Mangelknöpfe
45 Engpaß
46 Knopfbegräbnis
48 Auf ein Werk von J. Pechau
49 Knopfleiste

## Kurzwaren
55 Der rote Faden
56 Einfädeln
58 10 kleine Knöpfelein
59 Einwegknöpfe
60 Bittgebet eines Reihfadens
62 Die Schnürtaille
63 Das Maßband
66 Günstiger Augenblick
67 Der Nahttrenner
68 Das Nadelkissen spricht sich gegen die Stichelei aus
70 Botschaften einer Quaste
71 Am Bändel
72 Das Halsband
73 Liebs Dirndl
74 Die Garnrolle singt:
76 Die alte Klöpplerin
77 Der Bremsknopf
78 Plädoyer für den Klerusknopf
79 Jacke wie Hose?
80 Mein Gummi
82 Der Sockenhalter empfiehlt sich
83 Der Abendfrack hinterfragt seinen Aufhänger
84 Der Schlabberschlips
85 Der weiße Kragen
86 Schulterklappen
87 Das Achselkissen
88 Am Anfang war der Knieschutz
89 Die Träger der Verantwortung
90 Langzeitwaren
92 Kurzwaren

## Alle Tassen im Schrank
99 Eilbrief an einen Kartoffelstampfer
100 Gerüchteküche
102 Vom falschen Gebrauch des Stocheisens
103 Der Kaffeewärmer
104 Das Brot des Eigenbrötlers
105 Brühwarm
106 An ein Zündholz
107 Das Ende einer Beziehung
108 Aus dem Blickwinkel eines Korkenziehers
109 Kellertheater
110 Rührteig und Backröhre
111 Hommage an den Schaumlöffel
112 Der Fettnäpfchentreter
113 Rezepte
114 Der Wackelpeter
115 Alles Käse?
116 Meine Spülbürste
117 Stop dem Mop
118 Der Putzteufel
119 Die Hausmacht
120 3 : 0
122 Himmel und Erd
123 Ende gut, alles gut
124 Der Junggeselle

125 Warnung vor dem Fleischwolf
126 Ballade vom Seemannsweib
127 Noch eine Frage
128 Der Vollkornfan
129 Die Flotte Lotte
130 Die letzten Gäste
131 Die beleidigte Leberwurst
132 Aufruf der Wiederkäuer
133 Die Not der Bratpfanne
134 Bratkartoffelliebe
135 Möglichkeitsform
136 Wenn wir abends schlafen gehn,
137 keine Englein bei uns stehn
138 Der Heimleuchter
140 Verzeihung, verehrter Matthias Claudius

## Ich kriege die Motten

147 Vor der Garderobe
148 Der verflixte Knoten
150 Im Negligé auf der Terrasse
151 Der alte Mantelknopf
152 Bettgeschichten
153 Nachruf eines Genesenen auf seine Bettstatt
154 Wettermantel im April
156 Ein Rhinozeröschen
157 An ein Handtuch
158 Am Tag der schmutzigen Wäsche
159 Der eiserne Vorhang
160 Die graue Eminenz
160 Engelstimme in einer Klosterkirche
162 Total bestrickt
163 Die sanfte Masche
163 Der Ladenhüter
164 Der Trick mit der Schleife
166 Ich kriege die Motten
168 Der Fummelover
169 Noch und nöcher
170 Ein Unglück kommt selten allein
172 Der Schleier
173 Das Damentaschentuch
174 Grabrede
174 Die große Umkleidekabine
176 Der vergessene Handschuh
177 Das Müffchen
178 Der »Vatermörder«
179 Köln 1940 oder Krieg der Knöpfe
180 Mein Totenhemd
180 Häute
181 An die tote Mutter
182 Am Webstuhl

183 Ich wäre gern textil
184 Beneide nicht die Nachtwäsche
186 Letzte Gelegenheit
186 Der alte BH
187 Anruf eines Untermieters
188 Fersengeld
189 Die Geburt der Strumpfhose

## Über Tische und Bänke

195 Total möbliert
196 Deutsche Gemütlichkeit
197 Schöne Bescherung
198 »Nachdichtung«
200 Krieg im Wohnzimmer
201 Das Sofakissen
202 Bonner Trumm
202 Wäre sie ein Klavier
203 Mein armer Sekretär
204 Gesang der Holzwürmer
205 Die Kriechspur
206 Wider den Stumpfsinn
207 Du altes Möbel du
208 Wenn der Vierbeiner tanzt – – –
210 Zum Tode meiner Kommode
211 Geständnis
212 Zum Beispiel Zahnbürsten
213 Fort die grelle Lampe!
214 An meinen Armleuchter
215 Ein breiter Schrank
216 Vom Ende eines Ofenrohrs
218 Schreiben in Köln
220 Der Stubenvogel
221 Vor dem Schreibtisch
222 Nachruf
222 Der Schreibtischtäter
224 Für Brigitte Niedlich
225 Auf der Katzenbank
226 Das Lehrerpult meint
227 Kindertraum
228 Trennung von Tisch und Bett
229 Auf der Wickelkommode
230 Zwischen den Möbeln
231 Die Glasvitrine
232 Inserate
234 Psychogramm eines Bücherschranks
235 Klaps
236 Der Heilige Stuhl
238 Die gespaltene Kniebank
239 Der Beistelltisch

# Knöpfe im Dutzend

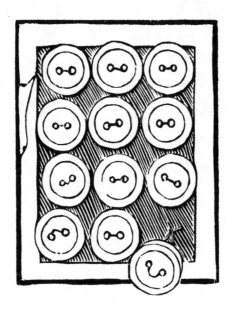

Mit Holzschnitten von

Jochem Pechau

*Anleitung*

Der Knopf hält jeden Mann zusammen,
den dünnen und den superstrammen.
Die Strammen brauchen etwas Leine,
sonst kriegt das Knöpfchen alsbald Beine.

Ein Stielchen lasse man beim Nähen
stets zwischen Knopf und Hemdchen stehen.
Dann gibt der Stiel noch etwas Platz
für den beleibten Hosenmatz.

Bei Dünnen ist es wohl das best,
man zieht den Faden tüchtig fest.
Ein Knoten hinten kann nicht schaden,
so bleibt das Knöpfchen dicht am Faden.

Der Knopf hält jeden Mann zusammen,
den dünnen und den superstrammen.
Durch variables Fadenführen
kann Eigenheit man korrigieren.

*Zugeknöpfter Klerus*


Schwarz ist die Soutane,
auf der die Karawane
der Klerusknöpfe zieht,
exakt in Reih und Glied.

Dreiunddreißig Stück
hat Herr Prälat von Schmück
zu schließen jeden Morgen,
mit Eifer und mit Sorgen.

Über Brust und Bauch
getreu nach altem Brauch
muß er nach Schlingen spähen
bis unten zu den Zehen.

Kniend darf er knöpfen
und neue Hoffnung schöpfen
auf offenere Zeiten
für Kirchenobrigkeiten.

Schwarz ist die Soutane,
auf der die Karawane
der Klerusknöpfe zieht,
exakt in Reih und Glied.

*Der Knopfdieb*
*oder*
*die verknopfte Hierarchie*


Die allerschönsten Knopfmodelle
fand ich an einer Kirchenschwelle.
Dort steht ein alter Opferstock
aus einem dicken Sandsteinblock.

Hier oben an dem Kupferdeckel
hängt unterm Schlitz ein Ledersäckel,
und füllt man es mit Silberstücken
so muß ein Männlein danke nicken.

Ach, einmal war das Säcklein schwer,
die Kirchenbänke fast schon leer,
da eilte aus der Sakristei
der Küster mit der Frau herbei.

Sie öffneten das Kupferschloß;
des Säckleins Inhalt sich ergoß
in diesen alten Opferstein.
Was jetzt geschah, mag man verzeihn!

Bald war das Kleingeld eingesammelt,
der Kupferdeckel fest verrammelt,
da blieben in dem Stein zurück
drei Knöpfe, groß und breit und dick.

Ich sah sie durch des Deckels Ritze,
schon stach ich mit der Nadelspitze
nach ihnen, einen nach dem andern,
und ließ sie an der Wand hochwandern.

Und schon ergriff ich mit dem Finger
am Spalt die allerliebsten Dinger:
der erste Knopf war ein Prälat
in seinem violetten Staat.

Der zweite war ein Kardinal
mit seinem roten Seidenschal.
Der dritte war der Papst persönlich,
unschuldig weiß und sehr versöhnlich.

*Moderne Zeiten*


Zugeknöpft bis oben
sind die Garderoben
jener Herrn und Damen,
die vom Lande kamen.

Wer ist heute in,
schließt nicht bis zum Kinn,
läßt ein Knöpfchen auf
für den Dauerlauf.

Sport ist nämlich schick.
Keiner ist mehr dick.
Jeder in der Stadt
seinen Sportplatz hat.

Ihr saloppen Hechte,
ihr Belüftungsschächte,
wollt die Welt von gestern
naserümpfend lästern.

Die moderne Zeit
stinkt nach Sportlichkeit.
Alles ist vermufft
von der offnen Kluft.

Nur die Herrn und Dummen,
die sich noch vermummen,
hüten ihre Düfte
zwischen Hals und Hüfte.

*Die Wacht am Rain*


Der Knopf will keine Welt verschließen.
Drum läßt man ihn an Grenzen sprießen,
die einen Einblick zwar erwarten,
doch niemals Zugriff auf den Garten.

Wer sich der Grenze naht, der sieht,
daß zwar das Eigentum hübsch blüht,
doch Pflücken ist hier streng verboten.
Der Knopf schießt Räubern auf die Pfoten.

So kampfesfreudig und zugleich
so offenherzig im Bereich
von Ziergehölz und Blütenpracht
ist nur der Knopf, die Busenwacht.

Pflanz einen Knopf auf deine Grenze,
er sichert dir Koexistenze.
Die Art der Einfriedung bestimmt,
ob man die Zaungäste verstimmt.

*Die Sicherheitsnadel*

Wenn Knopf und Knebel in der Schwebe,
wenn fadenscheinig das Gewebe,
dann sorgt nur noch in unsrer Zeit
die Nadel für die Sicherheit.

Wenn Haken, Krampen oder Ösen
sich von den Kleidungsstücken lösen,
dann sorgt nur noch in unsrer Zeit
die Nadel für die Sicherheit.

Wenn nach dem Schlußverreiß erscheint
der Reißverschluß, der nicht mehr eint,
dann sorgt nur noch in unsrer Zeit
die Nadel für die Sicherheit.

Wenn Einigung nicht mehr gelingt,
Entsorgung hohl und höhnisch klingt,
dann rettet nur aus diesem Radel
die Sicherheit als Anstecknadel.

*Knopfgeschichten im Dunkeln*


Ein Mensch zum Schlafanzuge spricht:
Ich knöpfe dich auch ohne Licht;
auf meinen Tastsinn kann ich bauen
– und schließt die Jacke voll Vertrauen.

Und wie er so die Knöpfe packt,
verspürt er auch schon Lochkontakt.
Er zieht die Knöpfe durch das Loch
und denkt: im Dunkeln geht es doch.

Als nun der letzte Schlitz gefunden,
ist nebenan ein Knopf verschwunden.
Kaum glaubte er sich nah am Ziel,
verläßt ihn schon das Knopfgefühl.

Indessen sitzt ganz unerkannt
am andern End vom Jackenrand
der Knöpfe erster treu und wartet,
weil sein Besitzer falsch gestartet.

Drum knöpf den ersten stets bei Licht!
Dann wird der Schlafanzug auch dicht.
Denn schon die erste Tat entscheidet,
ob man am Ende Schiffbruch leidet.

*Mädchen, laß dir raten!*


Willst du einen Knopf umgarnen,
muß ich dich vor Seide warnen.
Soll er sich für ewig binden,
mußt du ihn mit Zwirn umwinden.


Soll er aber auf die Kürze
baumeln nur an deiner Schürze,
nimm ein feines, seidnes Fädchen,
dann bleibt er nur kurz, mein Mädchen.

*Edwin*

Bei der Reinigung sprach man:
Diesen Knopf laß ja nicht dran!
Im Benzinbad geht er schwimmen,
nie mehr wird er wieder kimmen.

Doch ich konnte es nicht glauben,
wollt ihm diesen Spaß erlauben,
ließ ihn baden in Benzin,
meinen guten Knopf Edwin.

Und ich hatte doch noch Glück.
Edwin kehrt zu mir zurück.
Von der runden Knopffigur
fehlte aber jede Spur.

Schrecklich dünn, ganz plattgedrückt,
hat er mich nur angeblickt.
Lieber Edwin, ach, verzeih,
niemals mehr kommst du zur Rei—!

*Lockere Knöpfe*

Manch einer hat auf seinen Augen
ein paar Knöpfe, die nicht taugen.
Doch besser wären sie am Schlitz
von Herrn Direktor Slibowitz.

Denn diesem hängen an der Hose
dieselben Knöpfe ziemlich lose.
So nimm die Nadel, Fräulein Garn,
und näh ihm zu das Loch für Harn!

*Druckknopf-Paar*


Der Druck erzeugt den Gegendruck,
so finden wir zusammen.
Es locken nicht Gestalt und Schmuck.
Wir folgen nur Programmen.

In Freiheit finden wir uns nie,
ich unten und du oben.
Wenn programmiert die Harmonie,
gilt's nichts mehr zu erproben.

Wie automatisch funktioniert
das Suchen und das Finden.
Es wird sich nicht mehr lang geziert,
die Emotionen schwinden.

Ich drücke dich, du drückest mich,
die Liebe scheint perfekt.
Doch ist der Knopfdruck ursächlich,
wir sind nur das Objekt.

*Abzählverse*


Verliebt, verlobt,
verheiratet, geschieden,
das Spiel erprobt,
den Ernstfall nicht gemieden.

Den Knopf verspielt,
die Fäden abgerissen,
den Ernst erzielt,
daß wir so spielen müssen.

*Erbgeschichten*

Irgendwo an deiner Kleidung
kommt es mal zur Güterteilung.
Rechts und links werden geschieden.
Eigentum schenkt selten Frieden.

Nur der Knopf kann da noch schlichten,
wenn es geht um Erbgeschichten.
Er verbindet die Parteien,
die nach harter Trennung schreien.

Darum achte bei der Teilung
stets auf die exakte Scheidung
zwischen Vor- und Hinterweiten,
zwischen rechten, linken Seiten.

Denn zuerst muß Klarheit herrschen:
Frauchen dort und hier das Herrchen.
Durch das Knopfloch Wand an Wand
reicht man sich dann kühl die Hand.

*Knöpfe im Dutzend*


Genäht an einen Pappkarton,
ein Knopf zum andern: o, Pardon,
ich wollte übern Papprand gucken,
da sah ich euch am Boden ducken.
Ich glaub, wir sitzen auf der Wippe
an einer und derselben Strippe.
Wenn einer von der Pappe drängt,
des andern Spielraum sich verengt.
Komm, lockern wir den strammen Faden
und teilen unter uns den Schaden.
Dann baumeln wir an unsrer Pappe
und ziehen Nutzen aus der Schlappe.

Gemeinsam unsre Freiheit nutzend,
erkennen wir das Glück im Dutzend.

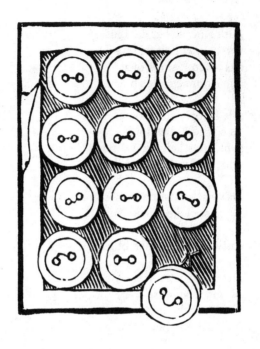

*Der Tod der Muse*

Fünf Knöpfe hat die Bluse
von meiner holden Muse
aus prächtigem Brokat
zum sonntäglichen Staat.

Die Knöpfe sind von Golde
zu einer Blumendolde
ganz künstlich fein gedreht
und auf den Rand genäht.

Dazwischen ist noch Abstand.
Doch weil die Bluse spannt,
sieht man durch schmale Ritzen
das weiße Häutchen blitzen.

Drum hab ich meiner Muse
für ihr tolle Bluse
vier Druckknöpfe verpaßt.
Nun hält die Bluse fast.

Als sie so fest verriegelt,
da habe ich besiegelt
mit einem Dankeskuß
den doppelten Verschluß.

Doch plötzlich etwas kracht.
Ich hatte nicht bedacht,
daß man auch muß verdichten
vor hinteren Einsichten.

Ich hab aus letzter Kraft
die Nähte zugerafft
mit Nadel und mit Faden
und fuhr nach Berchtesgaden.

Dort las ich diese Zeilen:
Ich kann nicht länger weilen
in dieser Blusennot.
Mir droht Erstickungstod!

So starb denn meine Muse
an einer engen Bluse.
Sie war zwar aus Brokat,
doch fehlte ihr Format.

*Schmuckknopf*

Bring keinen Nutzen,
kann nur verputzen.

Schließ keine Hose,
bin nur Mimose.

So wie die Kunst
fast ganz umsunst.

*Meine Kupferknöpfe*

Das blaue Kleid ist längst dahin,
die roten Knöpfe sind geblieben.
Du hattest sie in treuem Sinn
aus Kupferblech für mich getrieben.

Noch immer sieben an der Zahl,
nicht einer ging davon verloren.
Seitdem ist uns zum viertenmal
ein neuer Mensch geboren.

Nicht Motten, nicht der Staub der Jahre
hat das Metall getrübt, gedunkelt.
Es leuchtet wie die neue Ware,
die frisch in den Geschäften funkelt.

Mein Kupferknopf aus alter Zeit,
rot wie der jüngsten Tochter Haar,
bringt nicht zurück das blaue Kleid,
doch jenen Glanz vom ersten Jahr.

— — —

Einst waren sie zusammen jung,
das Knopfgeschöpf und sein Erschaffer.
Der Knopf zeigt noch den gleichen Schwung.
Du Knöpfeschöpfer, wirst du schlaffer?

*Knopffrühling*


Wie Regen auf die junge Saat,
so ruft herbei zu frischer Tat
das Knopfgewitter im April.
Der Acker endlich grünen will.

Den alten, müden Versebauer
erweckt der Knöpfe Regenschauer
zu neuem Leben, neuem Keimen.
Schon ackert er nach ersten Reimen.

In jedem Knopf ruht ein Gedicht.
Sprich ihn nur an, den kleinen Wicht!
Er schlummert in des Ackers Krume
wie Samen einer Klatschmohnblume.

*Wiesenknopf*

Schade, daß du welken mußt,
liebes Kraut, ich hätte Lust,
dich zu nähen an mein Jäckchen,
allerliebst sind deine Bäckchen.

Lauter rote Schmeichelknötchen
laufen wie auf Katzenpfötchen
rings um deinen Blütenknopf
und verdrehen mir den Kopf.

Was man liebt, will man berühren,
auf der Zunge zart verspüren.
Welch ein Glück, der Stengel trägt
Fiederblättchen, fein gesägt.

Darum schätzt dich die Familie
als Ersatz für Petersilie.
Immergrüne Pimpinelle
garantiert die grüne Welle.

*Um K(n)opf und Kragen*


Dem Kragenknopf ging's an den Kragen,
er wollte noch ein letztes sagen,
da schob sich über seinen Hals
des Kragens dicke Doppelfalz.

Du würgst mich, rief er, feiste Falte!
Sein Todesschrei jedoch verhallte. –
Der Wohlstand drückt ihm zu die Kehle,
das Fett raubt nicht nur Beuys die Seele.

Des Wachstums Grenzen sind genommen,
jetzt kann nur noch die Schrumpfung frommen.
Doch bis der Nacken abgespeckt,
ist unser Knöpfchen längst verreckt.

*Die Sache mit dem Haken*


Snob in seinem Freiheitsdrang
knöpft sich frei vom Jackenzwang,
löst die Enge seiner Brust
und frönt ungeknöpfter Lust.

Doch die Jacke, unverbunden,
will ihr Unbehagen kunden,
flugs bleibt sie am nächsten Haken
mit dem Knopfloch auch schon staken.

Mensch, steig aus und laß die Jacke
flattern an der Eisenzacke,
als daß du dich hängen läßt!
Wer an Sachen hängt, hängt fest.

## *Welche Hutnummer, bitte?*

Für einen Finger bin ich gut,
so sagte sich ein Fingerhut,
warum nicht auch für einen Zeh,
den sticht es auch einmal, o weh!

Den sticht der Floh, den sticht die Laus,
die Dorne aus dem Rosenstrauß,
die Sonne oben an dem Himmel,
und wer 'nen Stich hat, hat 'nen Fimmel.

So einer ist jedoch kein Dummer,
der braucht nur eine größre Nummer,
die hieb- und stichfest wie ein Helm,
da nützt kein Fingerhut, du Schelm.

*Knopffrau im Knopfnest*


Knöpfe nähen,
Wäsche blähen,
davon lernst du doch nicht krähen.

Knopfgefechte,
Scheingefechte,
das verschafft dir keine Rechte.

Hühnchen bleiben,
Hahn beweiben,
schön im Nestchen sitzen bleiben.

*Schere*

Zwei Schenkel, eine Schneide,
die Schraube dreht beide.
Zwei Spitzen, ein Stich,
die Spreize deckt sich.

So hat sich gepaart,
in spitzfind'ger Art,
der Scharfsinn der Messer.
Verschraubt liebt sich's besser.

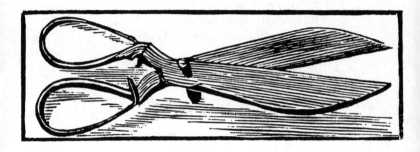

*Mangelknöpfe*


Geplättet ich, geglättet du,
wir finden dennoch keine Ruh.
Gemangelt fühlen wir doch Mangel.

Die nächste Plätte kommt bestimmt.
Wir sind auf angepaßt getrimmt.
Die Walze duldet kein Gerangel.

Der heiße Schwaden heizt uns ein.
Wir sollen platt wie Schollen sein.
Die Mangel hält uns an der Angel.

*Engpaß*


Schlüpf durch, banges Knöpfchen,
das Knopfloch ist schmal,
komm, ducke dein Köpfchen,
du hast keine Wahl.

Durchfahre die Enge,
sie schränkt dich zwar ein.
Doch führen die Gänge
in taghellen Schein.

Es hilft dir kein Zaudern,
dein Weg ist bestimmt,
magst du auch erschaudern
vor mir, der dich nimmt.

Es gibt keine Weiche,
hier mußt du hindurch
wie drüben im Teiche
der grün-graue Lurch.

Das Leben im Freien
ist ihm nur vergönnt,
weil er auch das Schreien
im Wasserloch kennt.

*Knopfbegräbnis*


Kehricht begräbt
den alten Knopf,
der einst gelebt
für deinen Kopf.

Als letzter Gruß
winkt ihm die Gosse.
Ein Regenguß
verleiht ihm Flosse.

Den letzten Stoß
gibt ihm ein Besen.
Es ist sein Los,
hier zu verwesen.

Im Kehrichthaufen
zur stillen Rast
darf nun verschnaufen
der müde Gast.

Kein Kreuz, kein Stein,
der ihm verspricht
den Heiligenschein,
das ewige Licht.

Wo ist der Himmel,
der seiner wartet,
daß mit Gebimmel
die Sternfahrt startet?

Wo ist der Engel,
der ihn geleitet
im Tal der Mängel,
bis es sich weitet?

Der Mensch begehrt
ein Paradies.
Warum verwehrt
er Knöpfen dies?

*Auf ein Werk von J. Pechau*


Ich sah einen Engel in weitem Gewand,
der trug einen Knopf am Ärmelrand.
Vielleicht gelangt auf diese Weis
ein erster Knopf ins Paradeis.

Den Petrus wird das nicht berühren,
ein Engel weiß auch Hintertüren;
und Cherubim und Seraphim,
die bilden ein Vertuschungsteam.

Ein Faltenwurf, geschickt drapiert,
das Knöpfchen liebevoll kaschiert.
Des Stoffes Fülle wallt hernieder.
Der Chor singt alte Kinderlieder.

Doch der die Himmelsmode kreiert,
sitzt hinter Wolken, tief verschleiert,
und wünscht die Sänger offenärmlig,
denn zugeknöpft klingt's ihm erbärmlich.

So scheitert an dem Wagnerstil
des Knopfes höchstes Lebensziel.
Dem Steinmetz, der den Knopf gehämmert,
ist dieses leider nicht gedämmert.

*Knopfleiste*


Knopfleiste,
weiß nicht, was mich erdreiste,
daß ich mir dieses leiste:

Das meiste,
was mir der Knopf verheißte,
schon vor der Leiste – entgleiste.

Es kreiste
mein Kopf um deine Leiste,
bis er – sprachlos – vergreiste.

Mit Holzschnitten von

Jochem Pechau

*Der rote Faden*


Der rote Faden,
wo ist er hin?
Er ging schon baden
zum Webbeginn.

Er tauchte unter
im Farbenmeer,
je tiefer, je bunter,
kein Leitton mehr.

Das Tonangeben
versprach Gewinn,
doch Weiterweben
schien ohne Sinn.

Der rote Faden
war nur Signal,
mehr Rot könnt schaden,
der Rest tönt schal.

Verloren ging
die Leitidee.
Das rote Ding –
nur Renommee.

Nur Werbespot
zur Eingangstür,
dann ohne Rot,
doch mit Willkür.

*Einfädeln*

Wenn alle Wege führen
am Nadelöhr vorbei,
dann hilft nur noch ein Drähtchen,
das bleibt stets linientreu.

Der Faden darf einsteigen,
du spielst nur den Chauffeur,
dann fährt er geraden Weges
hinein ins Nadelöhr.

Du fragst, wie ist dies möglich,
das liegt an jenem Draht,
der ändert nicht die Richtung,
wenn er das Steuer hat.

Dem Faden wird geholfen,
weil er nicht drahtig ist,
dem andern, dem Drahtzieher,
weil er im Finstern mißt.

*10 kleine Knöpfelein*


Am Morgenrock zählst du noch zehn.
Da will der erste wandern gehn.

Der zweite steht schon auf der Schwelle,
gleich faßt auch ihn die Abschiedswelle.

Gen Mittag sind es nur noch acht,
der siebte hat sich aufgemacht.

Bevor die Sonne im Zenith,
der sechste Knopf des Weges zieht.

Der fünfte fällt am Nachmittag,
was wohl der vierte denken mag?

Am Abend liegt er dir zu Füßen,
der dritte läßt dich höflich grüßen.

Du glaubst, daß zweie dir geblieben,
da hat es sie auch fortgetrieben.

Du stehst in deinem Abendkleid,
von allen Knöpfen nun befreit.

Die Nacht bricht an, du wachst noch spät,
doch keiner wird mehr angenäht.

*Einwegknöpfe*


Nahschnellverkehr heißt die Erfindung,
sie schafft die loseste Verbindung
von einer Seite zu der andern;
ein Knopfloch ist nur zu durchwandern.

Das Wörtchen lose sei betont!
Denn heute ist man zu gewohnt:
die Bindung sei nur ja nicht feste,
man liebt die kurzgebundnen Gäste.

Ein Bindewort, so schnell gesprochen,
währt nicht einmal für ein paar Wochen.
Verbindlichkeit im Nahverkehr
erlaubt die kurze Zeit nicht mehr.

*Bittgebet eines Reihfadens*

Bitte nichts Ernstes,
bitte nichts Festes,
alles schön locker,
ja nichts Gepreßtes!

Nur nichts Solides,
nur nichts Stabiles,
lieber was Loses,
etwas Mobiles!

Etwas, was geht,
wenn man dran zieht,
das sich verläuft
– ohne Abschied.

*Die Schnürtaille*


Schnür mich, Mutter, fest und fester,
geht mein Atem auch gepreßter,
einer Wespe will ich gleichen,
mag mein Leben auch entweichen.

Weiter oben darf es quillen,
bilden sich auch feine Rillen,
ist die Taille fest geschnürt,
wirkt die Fülle gut plaziert.

Hilf mir, liebe Mutter, bitte,
schnüre meine Leibesmitte,
du mußt sie ins Mieder pressen,
sie soll nur noch 50 messen.

Da, jetzt hab ich das Gefühl,
an der 50 fehlt nicht viel,
noch ein letzter Rippenruck,
und schon bin ich schlank und schmuck.

Niemand darf mich mehr berühren,
das Erpreßte hängt an Schnüren,
ist die Lunge auch defekt,
ich bin endlich ein Insekt.

*Das Maßband*


Es hat dich vermessen
auf Milli und Meter,
auch Frieda und Franz,
auch Paula und Peter.

Es hat dich genormt
nach Länge und Breite,
statistisch erfaßt
nach Höhe und Weite.

Es hat dich verglichen
mit menschlichen Wesen,
die vor dir gelebt,
tabellenverlesen.

Noch niemand entging
dem Maßstab der andern,
vom Schoß bis zum Grab
bemessenes Wandern.

Anmaßend der Aufbruch,
doch bald maßgeregelt,
wenn sich der Zählstand
auf mäßig einpegelt.

Vermessenheit scheint
dein Wünschen und Wollen,
doch hier angemessen
ist Maßhaltensollen.

Das Maßband bemißt
das Maßwerk auf Erden,
dein Ausmaß vergeht,
gemessen muß werden.

Die Ziffern und Zahlen
bewahren die Spur.
Für die, die nachkommen,
wirst du die Richtschnur.

*Günstiger Augenblick*


Wenn das Kleid abgesteckt,
der Saum geheftet,
ist die Paßform gefertigt.

Entferne den Reihfaden,
die Spur der Schneiderkreide!
Vertraue dem Augenmaß!

Jetzt muß die Naht geschlossen,
der Augenblick festgenäht werden,
bevor Änderungen vonnöten.

*Der Nahttrenner*


Der Einstich sanft, die Trennung scharf,
der festen Führung nur bedarf
das Messer, das den Schnitt riskiert
und im Verborgenen fungiert.

Ein roter Knopf verbirgt die Klinge,
doch was sie greift, steckt in der Zwinge,
sie trennt, was durch die Naht verbunden,
zielstrebig ohne Nebenwunden.

Ihr Mäntel, Kleider, habt Vertrauen,
auf dieses Werkzeug könnt ihr bauen,
es ist zwar scharf und effektiv,
doch die Verletzung reicht nicht tief.

Es läßt sich noch aus den Fragmenten
was schneidern, wenn nur die Getrennten
die neue Naht entschlossen wollen,
doch meistens sperr'n sie sich und schmollen.

*Das Nadelkissen*
*spricht sich gegen die Stichelei aus*

Ich kleine Erhebung
schwieg lang aus Ergebung.
Doch nun muß ich sprechen,
zu arg wird das Stechen.

Das Pieksen und Picken,
das Zwacken und Zwicken,
es geht auf die Knochen,
mein Nerv wird gestochen.

Der Kleinkrieg bohrt mehr
als Dolch und Gewehr.
Er fräst sich ins Fleisch,
das wehrlos und weich.

Ich möchte mich straffen,
abschütteln die Waffen.
Ich möchte gesunden,
mein Hügel sich runden.

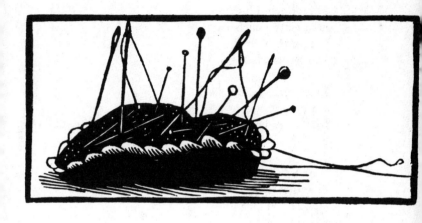

*Botschaften einer Quaste*


Hinter dem Hügel
naht jetzt mein Schatz,
wie jeden Abend
von seiner Hatz.

Erst grüßt die Quaste
am Horizont,
bald folgt die Kappe,
der Schopf grüßt blond.

Wippt dann und hüpft
über den Berg,
steigt hoch hinauf
wie eine Lerch.

Singt mir ein Lied
die ganze Nacht,
am andern Morgen
geht's neu zur Jagd.

Sobald am Hügel
die Sonne wacht auf,
taucht wieder unter
der grüne Knauf.

Hoppelt wie immer
über den Gipfel,
ein letzter Gruß:
sein Mützenzipfel.

*Am Bändel*


Und schwingt auch das Pendel,
ich hab dich am Bändel.
Der Zug ist zwar arg,
dochs Bändel ist stark.

Es geht auf und nieder,
du kehrst immer wieder.
Ich schaffe die Wende
dank kräftiger Hände.

Woll'n andre anbändeln,
ich lasse dich pendeln,
du schwingst ja zurück,
mein schwankendes Glück.

Ich gebe dir Leine,
du bleibst doch die meine,
ich lasse dich schwingen,
mein Arm muß dich zwingen.

Gib Gott, daß die Kraft
nicht einmal erschlafft!
Wohin schwingt mein Glück,
hol ich's nicht zurück?

*Das Halsband*


Ich muß ein zartes Halsband haben,
so schwarz und glänzend wie die Raben,
für alle schönheitstrunknen Augen,
die sich an meinem Hals festsaugen.

Das Band soll leicht wie Daunen sein,
mich nicht beschweren wie ein Stein.
Ein Schwanenhals will luftig schweben,
damit die Wimpern schlagen, beben.

Perlmutt und Glas soll Blicke fangen
und auf dem dunklen Samtband prangen.
Die Perlen, die im Lichte brechen,
sie sollen die Pupillen stechen.

Ich will von Kopf bis Fuß entzücken,
mit einem Halsband muß es glücken.
Es wird den einz'gen Makel decken
und meinen Kropf geschickt verstecken.

*Liebs Dirndl*


Schürz den Rock und lasse blitzen
ein paar Rüschen, ein paar Litzen.
Kleine Winke wirken Wunder,
große Pracht gibt keinen Zunder.

Weniger kann mehr versprechen,
vieles muß das Jawort brechen.
Reiz und geiz mit deinen Spitzen,
sonst, liebs Dirndl, bleibst du sitzen.

*Die Garnrolle singt:*


Surre, alte Singer,
wenn auf deinem Finger
ich Pirouetten drehe,
bis ich leer dastehe!

Schicht um Schicht entbinde
mich vom Garngewinde,
laß mich frei und frank
drehen meinen Schwank!

Wird der Tanz auch jäher,
bringt er mich doch näher
meinem Fadenende,
dreh mich nur behende!

Freiheit, die ich meine,
tanzt nicht an der Leine,
braucht nicht Strick noch Seil,
eil dich, Singer, eil!

Tanz, das ist mein Leben,
wirbelnd darf ich schweben,
Tanz, du meine Lust,
lös die enge Brust!

Da – der Faden schwindet,
fort rinnt, was mich bindet,
was mich eingeschnürt;
Singsang sich verliert.

Still steht Spiel und Tanz,
aus der Mummenschanz –
eine neue volle
übernimmt die Rolle.

*Die alte Klöpplerin*

Zacke um Zacke,
Runde um Runde,
hab ich geklöppelt,
Stunde um Stunde.

Alle Gedanken,
spitze und krause,
hab ich verwirkt
in meiner Klause.

Blieb mir am Ende
nur noch die Stille,
mit jeder Arbeit
schwand auch der Wille.

Nun bin ich zahm
und sanft wie die Nonnen,
all meine Wünsche
hab ich versponnen.

Ihr, die ihr schätzt
mein Gittergewebe,
denkt an die Fülle,
die ich nicht lebe!

*Der Bremsknopf*


Einst wurde jedem Frauenleben
ein Bremsknopf heimlich beigegeben.
Der lebte unter vielen Röcken,
um Strumpf und Strumpfband anzupflöcken.

Heut ist der Bremsknopf arbeitslos,
da läuft nichts mehr im Frauenschoß;
gebremst wird nicht mehr unterm Rock,
das Äußre wirkt jetzt selbst als Schock.

Die Bremsbeläge drohn zu schleißen,
notbremsend muß der Blaustrumpf reißen.
Das Frauenzimmer ist seitdem
ein öffentliches Bremsproblem.

Es gibt noch eine letzte Chance:
der Bremsknopf feiert Renaissance
als Modehit, als dernier cri,
als Wäscheknopf mit Nostalgie.

*Plädoyer für den Klerusknopf*


Von Schmück, der brave Kirchensohn,
liebt neuerdings die Perfektion.
Er schließt – ritschratsch – in einem Guß
den Priesterrock mit Reißverschluß.

Doch wehe, hakt ein Zähnchen aus,
schon klafft das Amtsgewand mit Graus!
Die Geistlichkeit wirkt arg entstellt
durch die enthüllte Unterwelt.

Wie anders hält es da der Knopf;
verliert da einer seinen Kopf,
wird nicht das Beispiel Schule machen
und den Reißaus vermannigfachen.

Drum, Amtsperson, sei nicht total
für Abdichtung am Hauptportal;
die Perfektion hat ihre Tücke,
zeig lieber wieder Mut zur Lücke!

*Jacke wie Hose?*


Wer steckt am tiefsten in der Klemme?
Der Hosenknopf, die arme Memme!
Er legt sich feige unter Putz,
gibt vor, dies diene ihm zum Schutz.
Statt dessen äugt er aus dem Dunkel,
belauscht Getuschel und Gemunkel.
Man sieht ihn nicht, doch wissen alle:
Er lauert in der Hosenfalle.

Der Jackenknopf ist da viel freier,
ob Einzelstück, ob Doppelreiher,
er läßt sich nicht in Spalten sperren,
von Damen nicht und nicht von Herrren.
Er thront hoch oben auf der Brust,
stets ungehemmt und selbstbewußt,
genießt die Landschaft ringsumher:
Wie wundervoll ist open air!

*Mein Gummi*

Du dehnst dich phantastisch
und bleibst doch elastisch
für meine Statur.
Wie machst du das nur?

Geh ich ins Extrem,
das ist kein Problem,
du paßt dich stets an,
dem Männchen, dem Mann.

Ob eng oder weit,
es herrscht Einigkeit,
du richtest die Spannung
nach deiner Bemannung.

Bin ich ein Koloß,
schon nennst du mich Boß,
bin ich stark verdünnt,
schon heißt es: mein Kind.

So laß ich dich flitschen,
du wirst für mich titschen,
du bist doch mein Gummi,
du Dummi, du Dummi.

*Der Sockenhalter empfiehlt sich*

Ich dehne mich bei jedem Schritt,
das Strumpfband federt immer mit,
es paßt sich deiner Wade an
und hält die Socken hart am Mann.

Ja, Frau, da hast du recht gehört,
nicht mehr das Weibliche betört,
ein Männerbein, ans Band gelegt,
die Frauen neuerdings erregt.

Was für die Frauen schön und gut,
auch für den Mann nicht schaden tut.
Ob Büsten- oder Sockenhalter,
der Mensch braucht überall Gestalter.

Denn die Natur will immer hängen,
sich nicht in feste Formen zwängen.
So sorg beizeiten für Kultur
mit Hilfe einer App'ratur!

*Der Abendfrack hinterfragt
seinen Aufhänger*


Es fragte sich ein Abendfrack:
Warum bin ich kein Anorak?
Ich brauch den Abend als Aufhänger,
am Tag bin ich nur Staubfänger.
Dann streicht durch meine hohle Hülse
die Luft und ruft nach dem Gefüllse.

Was wär, pfiff ich auf das Getue
und feierte in aller Ruhe
den Feierabend ohne Hängen
an Galaessen und Empfängen?
Wär ich des Inhalts dann gewiß
wie'n Anorak beim Stehimbiß?

*Der Schlabberschlips*


Ich habe deinen Schlips kastriert,
er hing so frei und ungeniert,
ich konnte mich vor Neid nicht lassen
und mußte nach der Schere fassen.

Doch jetzt, wo er so lustlos hängt,
mich mein Gewissen arg bedrängt,
ich habe ihm die Freud genommen,
woher soll jetzt die Triebkraft kommen?

Da naht auf einmal eine Latte
mit Hosenanzug und Krawatte,
die schlenkert lustig vor sich her. –
Die Kastration war doch nicht fair.

*Der weiße Kragen*


Die Socken verschwitzt,
die Hose versessen,
das Hemd aufgeschlitzt,
den Rock falsch bemessen.

Das Futter zerfetzt,
der Schlips ausgefranst,
die Taschen besetzt,
kein Knopf auf dem Wanst.

Doch oben am Hals,
da leuchtet von fern
der Kragen, einstmals
ein Schmuck für den Herrn.

Heut ist er aus Plastik
und leicht in der Pflege,
es reicht, wenn ich hastig
mit dem Schwamm drüberfege.

Ihm schadet kein Schmier,
ihm schadet kein Schweiß,
nach jedem Hantier
strahlt er wieder weiß.

Der Schein ist erlaubt,
der Ruf ist gerettet,
das »herr«-liche Haupt
liegt sauber gebettet.

*Schulterklappen*

Ein bißchen höher,
ein bißchen breiter,
mit Schulterklappen
wirst du Gefreiter.

Auf deiner Schulter
muß etwas blitzen,
sonst bleibst du immer
da unten sitzen.

Ein Silberknopf,
ein Seidenkläppchen,
schon fällst du artig
hinauf das Treppchen.

Bist du dann endlich
ein hohes Tier,
halt nicht die Klappe
im Hauptquartier!

Wem Gott die Schulter
erhöht und schönt,
dem gibt er auch
den Ton, der dröhnt.

*Das Achselkissen*


Wenn dir der Boden wird zu heiß,
dann saug ich deinen Achselschweiß
und fühle mich als Pampelmuse.
Kein Fleck gerät auf deine Bluse.

So knöpf ich ab portiönchensweis
den frisch gepreßten, sauren Schweiß.
Die Frucht der Angst muß ich dir pflücken,
bevor sich andre Saft ausdrücken.

*Am Anfang war der Knieschutz*

Zuerst war der Knieschutz gekommen,
da glaubte man noch an die Frommen.

Dann stieg das Geschütz in die Höh,
dort fand es ein kältres Milieu.

Von Nierenschutz wurde gesprochen,
die Angst kam jetzt höher gekrochen.

Sie schnürte bald zu die Kehle,
der Mundschutz, so sagte man, fehle.

Man legte sich Ohrenschutz zu,
doch trügerisch war nur die Ruh.

Die Angst schien überzuschwappen,
da schloß man die Augen mit Klappen.

Den Schädel gewickelt, verbunden,
erwartet man nur noch die Wunden.

*Die Träger der Verantwortung*


Ein Hosenträger hopst putzmunter
auf einem Bauche rauf und runter.
Er hüpft hinauf bis übern Nabel,
da lockert sich ein Anschlußkabel,
die Hose rutscht hinab den Hügel,
bis sie der zweite nimmt am Zügel.

Das Hochwasser scheint nun gebannt,
die Hose meldet Niedrigstand.
Doch weiterhin wird nur gestrampelt
am Weltennabel, wo man hampelt
mit Hochs und Tiefs, mit Unten, Oben,
die Blöße wird nur leicht verschoben.

Das Schamtuch dient als Barometer,
die Träger spielen Zappelpeter.
Der nackte Wahnsinn droht doch allen,
wenn einmal ganz die Hosen fallen.
Ein Hosenknopfdruck nur genügt,
dann ist der Erstschlag schon verfügt.

*Langzeitwaren*


Beim Sturm der Granaten
in Gräben verscharrt,
die toten Soldaten,
zu Puppen erstarrt.

Im Uniformrocke,
behost und beschuht,
gestreckt und in Hocke,
Leutnant und Rekrut.

Gestapelt, geschichtet,
zu Haufen getürmt,
die Erde verdichtet,
die Schneedecke schirmt.

Vom Frost totgeschwiegen,
vergessen, entfallen,
die Schreie versiegen,
die Schüsse verhallen.

Kein Abschiedssalut,
kein Trauerbekunden,
in Tränen und Blut
versunken, verschwunden.

Jahrzehnte vergehen.
Der Bagger legt frei
die toten Armeen.
Ein Kind steht dabei.

Es sieht lauter Knochen,
zersplittert, zerbrochen,
zerschmetterte Köpfe
und brandneue Knöpfe.

Und Koppel und Orden,
ganz glänzend geworden,
wie taufrische Ware –
Langzeitexemplare.

*Kurzwaren*


Der eine ist am Halse kurz,
der andre an den Beinen,
dem dritten sind die Haare schnurz,
er läßt die Haut durchscheinen.

Und wieder einer hat das Ohr
gekürzt bis an die Muschel,
er hört seitdem nur noch im Chor
und nicht mehr das Getuschel.

Und wieder einer äugt und schielt,
hält sich für äußerst wichtig,
doch sind die Augen langgestielt
und von Natur kurzsichtig.

Und wieder einer atmet kurz,
weil er zu kurz gekommen.
Ganz kurz und bündig klingt der Furz,
wird er gebremst vernommen.

Dabei, sagt man, liegt in der Kürz'
– wer kennt nicht diesen Spruch –
des Lebens köstlichstes Gewürz.
Doch keiner schreit: Genug!

Ein Kürzel scheint in jedem Fall
der Mensch, kurz oder lang,
ein Kurzarbeiter überall,
die Kurzweil stimmt ihn bang.

Die Kurzgeschichte, kaum erdacht,
da hat sie schon geendet,
ein Kurzschluß taucht den Tag in Nacht,
der Mensch wird kurz geblendet.

Die kurze Ware, Mensch genannt,
kurzfristig auf dem Markt,
verkauft sich gut wie Kram und Tand,
dann wird sie fortgeharkt.

# Alle Tassen im Schrank

Mit Scherenschnitten von

Hildegard Moos-Heindrichs

*Eilbrief an einen Kartoffelstampfer*

Solange ich dampfe,
zerquetsch mich und stampfe,
denn werde ich kalt,
erstarrt die Gestalt.

Noch kannst du mich treten,
mich formen und kneten,
zerstampfen zu Brei,
noch bist du so frei.

Jetzt bin ich noch heiß,
doch später – wer weiß –
hernach aufgewärmt,
kein Mensch für mich schwärmt.

Drum nutz die Minuten,
jetzt mußt du dich sputen,
wird bald nicht gestampft,
mein Körper verkrampft.

*Gerüchteküche*

Den Deckel her, den Kessel zu,
der Suppenknochen kocht im Nu!
Wird nicht der Dunst sogleich geknebelt,
er nur die eigne Sicht vernebelt.

Wenn's dann im Kochtopf dampft und zischt,
so schaden nicht mehr Luft und Licht.
Jetzt schnell den Deckel von der Brühe,
damit der Duft zum Nachbarn ziehe!

Je heißer das Gerücht entschwebt,
je mehr Verbreitung es erlebt.
Lauwarme Sachen riechen kaum,
drum sorge erst für Dampf und Schaum!

*Vom falschen Gebrauch des Stocheisens*

Was tut der Mann mit seiner Flamm,
wenn sie die Glut hält hinterm Damm?

Was tut die Frau, wenn ihr der Herd
die letzte Hitze nicht gewährt?

Sie stochern, bis die Glut verblüht
und alles Feuerwerk versprüht.

## Der Kaffeewärmer

Der Mensch setzt seine Geistesblitze
gern unter eine Kaffeemütze
und glaubt, nun sei ihm garantiert,
daß weiterhin sein Geist brilliert.

Doch nutzt dem Geist kein alter Hut,
soll'n Funken schlagen aus der Glut.
Was unter einer Haube schwelt,
ist nicht von Geisteskraft beseelt.

Die Kopfbedeckung löscht das Feuer –
der Mensch will retten, was ihm teuer.
Doch lüftet er sein Geistesgut,
steht kalter Kaffee unterm Hut.

*Das Brot des Eigenbrötlers*


Hausbacken, wie ich bin,
ich bleib im Backhaus drin,
und werd ich auch altbacken,
ich muß nicht jedem schmacken.

Und käm ein starkes Weib
und griff nach meinem Leib
und schnitte tüchtig auf
und schmierte Honig drauf. –

Bin ein zu harter Brocken
und für'n Verzehr zu trocken,
es sei, man teilt inmitten
mein weiches Herz in Schnitten.

*Brühwarm*

Ein Kloß schwimmt in der Rindfleischbrühe
und denkt voll Wehmut an die Kühe.

Ein Auge glotzt ihn glasig an,
es ist aus Fett, das schmilzen kann.

Das Knochenmark ist ausgekocht,
kein Lebensstrom mehr pulst und pocht.

Sogar das Suppengrün ist fad.
Wie stark roch es sonst vor der Mahd!

Dem Fleischkloß wird ganz weich und wund,
er taucht hinunter auf den Grund.

Er rührt in der Vergangenheit
und findet sie total zerstreut.

*An ein Zündholz*

Dein Köpfchen ist
zwar rot und klein,
doch zündet es
bei Streichelein.

Was schämst du dich,
du kleines Holz?
An deiner Stell
wär ich sehr stolz.

Mein armes Haupt
ist groß und schwer
und gibt dennoch
kein Feuer her.

*Das Ende einer Beziehung*


Es fiel etwas durchs Aschenschoß,
ganz braun gebrannt und knusprig kroß.
Was mag das für ein Dingsbums sein,
das fiel durchs Gitterrost herein?

Das Dingsbums ist ein Schraubverschluß,
der einer Flasche zum Verdruß
sich Urlaubsbräune holen will,
drum legte er sich auf den Grill.

Doch braucht die Flasche kein Gebäck,
das knusprig ausschaut – und ist leck.
Die Bräune hilft nicht bei der Liebe,
im Gegenteil, sie nimmt die Triebe.

Inzwischen läßt die gute Teure
entweichen alle Kohlensäure.
Zurück bleibt eine trübe Flasche,
ihr Schraubverschluß schmort in der Asche.

*Aus dem Blickwinkel eines Korkenziehers*

So mancher Mann ist fest verkorkt
und um sein Inneres besorgt.
Er hütet seinen Inhalt sehr
und gibt davon kein Tröpfchen her.

Sobald man ihm den Korken zieht,
ist um die Stellung er bemüht.
Denn Flaschen müssen aufrecht stehn,
sonst sind sie leer im Handumdrehn.

*Kellertheater*

Ich halt ein ganzes Apfeljahr
im Gärballon gefangen.
Noch ist der Fruchtsaft hell und klar.
Der Sommer ist gegangen.

Doch bald schon setzt das Vorspiel ein,
der Most verfärbt sich golden,
am Flaschenboden perlt's wie Wein,
ich wünsch Erfolg dem holden.

Die Tage fließen herbstlich trüb,
da plötzlich brodelt's heftig,
die Hefe zeigt gewaltig Trieb,
der Weinling sprudelt kräftig.

Ihr trüben Flaschen, eilt herbei,
seht, wie er schäumt und gärt,
das Schauspiel in der Kellerei
die Vorfreude vermehrt.

Der Kellergeist spielt hinter Glas,
noch heute ist Premiere,
er macht mit Kohlensäuregas
als Luftikus Karriere.

Der erste Ausschank ist wie Sekt,
stimmt frisch und federleicht,
er gibt dem Korken Knalleffekt.
des Herbstes Trübsal weicht.

## *Rührteig und Backröhre*

Im Herbstwald röhrt der Hirsch, o jeh,
rührt seine Hitze von dem Reh?
Backröhren heizen auch mitunter,
wird davon nun das Backgut munter?

Man rührt den Teig, bevor man ihn
ins Backrohr schiebt und Düfte ziehn.
Röhrt Teig und Tier auf Grund von Rührung,
woher kommt sonst die Motivierung?

Was röhrt und rührt von wem, fragt sich,
»ja, im Geröhre war's fürchterlich«,
so sagte schon Hülshoffs Annette,
von der ich gern die Rührung hätte.

## *Hommage an den Schaumlöffel*

Es heißt, du schöpfst nur Schein und Schaum,
der bald zerrinnt wie Trug und Traum.
Doch manchmal bleibt in deinem Schoß
ein kleiner, fester Hefekloß.

So steckt in mancher Illusion
des Schöpfers einz'ger Finderlohn.
Du Löffel für den Schaum und Schein
schenkst Glauben an die Träumerein.

*Der Fettnäpfchentreter*


Versponnen in die Welt der Reime,
macht der Poet sich auf die Beine,
um sich ein wenig zu vertreten,
verkennend die Realitäten.

Und wie er reimt auf Schritt und Tritt,
da landet er, wie sonst pommes frites,
in einem Fettbad, sprudelnd heiß,
und fragt sich selber – ausnahmsweis:

Bin ich denn wirklich so ein Stoffel,
daß man mich brät wie die Kartoffel?
Hat die verehrte Leserwelt
den Fettopf für mich aufgestellt?

*Rezepte*


Das eine macht hü,
das andere hott,
das eine macht Müh,
das andre geht flott.

Doch welches ist besser,
erschmeckt nur der Esser.

*Der Wackelpeter*


Ich kenne einen Petermann,
der mit den Ohren wackeln kann.

Tippt man an seine Zitterhand,
so ruckt und zuckt sie überspannt.

Stößt man an seine Schlotterknie,
so wabbeln sie wie reifer Brie.

Berührt man seinen Babbelmund,
so sabbelt er wie'n alter Hund.

– – – – –

Und so was nennt sich Götterspeise?
Dann sind die Götter Tattergreise.

*Alles Käse?*

Ich liege auf der Chaise
und finde alles Käse,
sogar die dickste Wurst,
mir fehlt der Tatendurst.

Da dringen aus der Küche
belebende Gerüche,
gleich bin ich von der Socke
und eil zur Käseglocke.

Es läuft mir schon entgegen
des Mainzers reifer Segen.
Der Duft ist wirklich stark
– und so was stammt von Quark?

*Meine Spülbürste*

Du hast jahrein, jahraus gespült,
dich täglich durchs Geschirr gewühlt.
Nun sind die Borsten krumm und schief,
die Putzkraft reicht nicht mehr sehr tief.
Doch du bist immer noch gewillt,
du bist mein saubres Ebenbild.

*Stop dem Mop*

Wer geistert da mit meinem Mop?
Ihr guten Geister, bitte stop!
Ein Spinnchen hat heut Nacht gespannt
ein zartes Netz von Wand zu Wand.

Die Sonne lugt schon durch die Läden
und funkelt auf den feinen Fäden.
O wehe, wenn der Mop zerstört
das Lichtgespinst, das mich betört.

Laßt heute alles Spinnweb hängen,
seid frei von Spinnenfegerzwängen!
Das frisch Gesponnene ist sauber
und von besonders zartem Zauber.

*Der Putzteufel*

Eimer schwingen,
Lappen wringen,
Böden wischen,
pfui zischen.

Sauber dünken,
selber stinken,
vorne putzen,
hinten futzen.

*Die Hausmacht*

Seit ich erlangt den Hausfraunstand,
hab ich die Männer in der Hand.
Wünsch ich mir einen in den Sarg,
rühr ich ihm Gift in seinen Quark.

Wünsch ich ihn steif und altersschwach,
kommt er mal kurz ins Tiefkühlfach,
bis seine Knabenknochen knarren,
der Frostschutz schützt ihn vorm Erstarren.

Wünsch ich ihn nur ins Irrenhaus,
so schick ich ihm den Nikolaus,
der wirft ihm Nüsse an den Kopf,
dann schrumpft das Hirn dem armen Tropf.

Wünsch ich ihn baldigst zu den Grünen,
süß ich sein Müsli mit Rosinen
und reich ihm abends Feldsalat,
dann geht er seinen Tugendpfad.

Und wünsch ich ihn ins Ehebett,
so streu ich Pfeffer aufs Kotelett,
ein wenig Salz ist auch vonnöten,
sonst kann die Langeweile töten.

Und wünscht er sich am End ins Kloster,
so lege ich ihn auf den Toaster
und lasse ihn dort schön verkohlen,
bis ihn die Englein zu sich holen.

Derweil bleib ich des Hauses Perle,
wo ich noch viele solcher Kerle
umsorgen und umhegen kann,
so steh ich Hausfrau meinen Mann.

*3 : 0*

Alle Tassen im Schrank,
alles Gold auf der Bank,
alle Freunde im Bild.

Kein Preis auf dem Schild.

Alle Finger im Fett,
alles Fleisch im Korsett,
alle Pillen im Bauch.

Kein Wort von der Jauch.

Alle Uhren im Blick,
alle Eiszeit am Stück,
alle Güte im Grab.

Kein Gott bricht den Stab.

*Himmel und Erd*

Fragt mich doch heut der Theodor:
»Wie stellst du dir den Himmel vor,
mit hohen Decken, Stuckdekor,
mit Tafelsilber und Komfort?«

Da sagte frei und fromm mein Ich:
»Ich denk an Blutwurst mit Mostrich
und Röggelchen, die knusprig frisch,
und einen blank gewichsten Tisch.«

Ruft Theodor: »O jemine,
stell ich mir vor die Hautevolee
im Abendkleid vor dem Entree,
die fürchtet um ihr Renommee!«

*Ende gut, alles gut*


Bevor ich eine Mahlzeit habe,
stell ich mich erst auf eine Waage.
Sie ist mein heiliges Gewissen
und meldet sich bei jedem Bissen.

Ein Pfündchen oder gar auch zwei,
sie stürzen mich in tiefe Reu.
Dann muß ich mich erneut kasteien,
bis ich erlange ihr Verzeihen.

So geht's bergan, so geht's bergab,
und schließlich sinke ich ins Grab.
Sie wird noch meine Leiche wiegen!
Doch ich will selbst im Tode siegen.

Auf meinem Leichenschmaus soll's heißen:
Er mußte sich durchs Leben beißen,
bis er mit Idealgewicht
entschwebte in das Himmelslicht.

*Der Junggeselle*

Sobald die Jugend von ihm weicht,
nennt man ihn reichlich eingefleischt.
Das heißt, vom Fleische redet erst die Welt,
wenn es bereits vom Knochen fällt.

*Warnung vor dem Fleischwolf*


Der Fleischwolf geht um wie ein brüllendes Tier
und sucht nach weichem Gekröse.
Am liebsten frißt er Leber und Nier,
bei Knochen wird er ganz böse.

Denn Eisbein und Kotelett blockieren das Werk,
der Fleischwolf erbricht aus Protest.
Auf Fleischliches geht nur sein Augenmerk,
selbst Knorpel gilt als zu fest.

So macht er Gehacktes und zarten Tartar
aus beinlosem Muskelfleisch.
Die Fleischeslust führt bei den Wölfen, fürwahr,
ins Beefsteak- und Bratwurstreich.

Du Menschenkind, nimm dich vorm Fleischwolf in acht,
er macht aus dir Frikadellchen!
Im Rückgrat liegt deine ganze Macht,
sonst schwimmen dir fort deine Fellchen.

*Ballade vom Seemannsweib*

Heut hab ich superstarke Nerven,
drum treib ich's einmal mit Konserven,
mich reizen die verschloßnen Büchsen,
mir einen Zugang zu ertricksen.

Der Büchsenöffner ist verschwunden,
der Ehemann fischt in Kirchhundem,
nutz ich die Chance und steche Löcher
und spiel statt Ehe- Büchsenbrecher.

Beherzt greif ich zum Glückskleepicker
und geh der Dose auf den Drücker,
da schießt ein Strahl mir ins Gesicht,
ach Glück, so finde ich dich nicht.

Doch bald bohr ich verbissen weiter,
ich geb nicht auf als Einzelstreiter,
es folgen auf das erste Loch
neun weitere, das Glück naht doch.

Tatsächlich klappt zur Dosenlinken
der Deckel hoch, jetzt könnt ich trinken,
wär nicht die Brühe schon verschossen,
dem Pudel gleich steh ich begossen.

Mit einer langen, schmalen Schere
pick ich begierig in die Leere,
und schon spieß ich den ersten Fisch,
ich fühle mich fast seemännisch.

Ein zweiter rutscht mir untern Schlitz,
den kriegst du auch, sag ich, potz blitz,
als auch der nächste ist geangelt,
bald meinem Glücke nichts mehr mangelt.

So fische ich mir selbst die Bissen,
von dem Erfolg ganz hingerissen,
es fehlt mir nur die leckre Soße,
sonst hätt' ich meine volle Dose.

Ja, so kommt gar ein Eheweib
zu Angelsport und Zeitvertreib,
anstatt zu stechen in die See,
sticht es nach Hering in Gelee.


*Noch eine Frage*


Ich pfeife auf dem letzten Loch –
wie hießen all die andren noch:
der Mund, der After und die Nase?
Ich wüßte gern, aus wem ich blase.

*Der Vollkornfan*


Zum Frühstück mahlt der alte Xaver
ein Händchen Weizen oder Hafer.

Dann löffelt er sein Frischkornmus
und fühlt sich fit von Kopf bis Fuß.

Am Mittag mampft er Gerstengrütze
und hält sich immer noch für spitze.

Am Nachmittag schätzt er ein Brot
aus Sauerteig und Roggenschrot.

Am Abend ist er noch so high
und kocht sich einen Hirsebrei.

Zur Nacht verdaut er das Getreide
und schiebt es in das Eingeweide.

Bei Sonnenaufgang bringt er froh
den Vollkornkot zum Bioklo.

Dann kräht der alte Veteran
stolz wie ein junger Gockelhahn.

*Die Flotte Lotte*

Die Flotte Lotte
thront auf dem Potte
und macht nur Dünnes,
vergnügten Sinnes.

*Die letzten Gäste*

Heut sieht die Welt so freundlich aus,
komm, stellen wir den Tisch heraus
und decken ihn mit frischem Linnen,
im Freien soll der Kaffee rinnen.

Der erste Gast ist eine Dame,
sie legt paar Eier auf die Sahne,
indes ihr Gatte, eine Fliege,
sich an der Torte tut Genüge.

Ein Brummer namens Bäckerschweiß
baut auf dem Zucker seinen Scheiß,
sein Söhnchen sitzt auf den Pralinen
und nutzt dieselben als Latrinen.

Bald nahen auch die Tanten, Nichten,
um ihre Notdurft zu verrichten.
Die ersten Gäste sind die letzten,
die sich am Kaffeetisch ergötzten.

## *Die beleidigte Leberwurst*

Wie warst du auf den Inhalt wild,
als meine Pelle noch gefüllt,
du legtest mich aufs Butterbrot
und fraßt mich fast vor Liebe tot?

Doch allzu schnell war ich verdaut,
der große Hunger abgeflaut,
du fandest nur an mir Geschmack,
solang ich war ein praller Sack.

Jetzt häng ich schlaff und schlapp herum,
was sind wir Leberwürste dumm,
du wolltest mich nur einverleiben
und nicht im Ernste dich beweiben.

*Aufruf der Wiederkäuer*


Wiederkäuen, wiederkäuen,
keine Wiederholung scheuen,
breit und breiig sei die Masse,
die durch uns sucht eine Gasse.

Nach uns kommt der große Fladen,
darum Kinn, beweg die Laden,
was wir einmal hinterlassen,
soll'n nicht unsre Nachfahrn hassen.

Gleich dem Rindvieh auf der Wiese
laßt uns kaun nach der Devise:
um so breiiger der Fladen,
desto fließender der Schaden.

Wiederkäuen, wiederkäuen,
keine Wiederholung scheuen,
bis die Erben nimmt in Haft
unsre Hinterlassenschaft.

*Die Not der Bratpfanne*


Die Pfanne sitzt auf heißem Po
und ruft nach Bratgut, das noch roh.
Doch alles Fleisch ist vorbehandelt,
salpeter- und phosphatverschandelt.

Da bleibt der Pfanne in der Not
nur noch ein Frischeiangebot.
Und siehe da, die Pfanne wütet,
das Hühnerei ist schon bebrütet.

*Bratkartoffelliebe*

Immer wenn ich heimwärts geh,
sehn ich mich nach ihrer Näh.

Endlich steh ich an der Schwelle
und erspäh das Materielle.

Sie bringt mir die Hauspantoffeln,
und dann krieg ich Bratkartoffeln.

Nichts kann ich mir Schönres denken,
als den Weg zu ihr zu lenken.

*Möglichkeitsform*

Ach wenn Diät
doch helfen tät!

*Wenn wir abends schlafen gehn,*

Auf dem Nachttisch tickt der Wecker,

Überm Bett das Telefon,

Vor der Haustür zwei Sirenen

Auf dem Grundstück vier Laternen,

Zur Beruhigung sieben Pillen,

Für den Ernstfall die Pistole,

Schlaftabletten für den Fall,

*keine Englein bei uns stehn*

nur ein Meter bis zum Stecker.

Knopf zeigt an: bin in Funktion.

für die nächsten Einbruchszenen.

aufgeblendet zu den Sternen.

um der Illusionen willen.

griffbereit auf der Konsole.

daß man hört die Nachtigall.

*Der Heimleuchter*

Er leuchtet dir heim
mit Rhythmus und Reim.
Du kamst ungebeten,
nun folg dem Poeten ...

Vielleicht geht ein Licht
dir auf im Gedicht
und führt in die Helle
der eigenen Zelle.

*Verzeihung, verehrter Matthias Claudius*

Der Teig ist aufgegangen,
die roten Kinderwangen
erglühen wie der Herd.
Die Frau steht starr und schweiget,
denn aus dem Ofen steiget
der schwarze Rauch, beklagenswert.

Wie ist die Frau so stille,
wenn in des Ofens Hülle
ihr Tagewerk verkohlt.
Wie anders sind die Kinder,
sie finden es gesünder,
wenn man laut durch die Küche johlt.

Ihr armen Menschenkinder,
brüllt lauter als die Rinder
und wißt doch gar nicht viel.
Verschont die Welt mit Brüllen,
horcht lieber auf die Stillen
und habt ein wenig Mitgefühl.

Seht diese Frau dort stehen,
sie kann vor Rauch nicht sehen
und ist doch stumm wie'n Schaf.
So sind wohl manche Frauen,
die Hefeteig versauen,
in Wirklichkeit recht lieb und brav.

So legt euch denn, ihr Väter,
in Gottes Namen später
getrost ins Ehebett!
Verschont die Fraun mit Strafen
und laßt sie ruhig schlafen,
sie sind doch sonst ganz nett!

# Ich kriege die Motten

Mit Linolschnitten von

Helmut Moos

*Vor der Garderobe*


Häng ich auch manchmal herum,
ähnlich den Kleidern am Bügel,
plötzlich kriege ich Mumm,
wachsen mir herrliche Flügel.

Ist es ein Wind, der mich hebt
wie bei der Vogelscheuche,
ist es ein Mensch, der belebt
mit seinem warmen Fleische?

Schau ich den Ulster an,
wenn ihn mein Arm durchstößt,
eben noch flügellahm,
nun wirkt er wie erlöst.

Geht durch die Ausgangstür,
atmet, als wär er befreit,
wölbt seine Brust herfür,
fühlt sich zum Flug bereit.

*Der verflixte Knoten*

Es war einmal ein langer Schal,
der dachte ziemlich liberal.
Er stammte zwar vom Sauerland,
doch hielt er nichts vom Ehestand.

Drum flog er frank und frei und ledig
ganz einfach einmal nach Venedig,
um frische Seeluft zu genießen,
das Sauerland tat ihn verdrießen.

Vom Lido war er gleich entzückt,
der ganze Sand mit Fleisch gespickt.
Er brauchte nicht den Kopf verdrehen,
denn endlich konnte er was sehen.

Bald schlang er sich um blanke Hälse,
ob Ben, ob Lu, ob Tim, ob Else,
doch ließ sich nirgends ernstlich binden,
er wollte eben nur empfinden.

Da packte ihn ein Monsignore,
von wegen Freiheit und Amore,
verknotete den langen Schal,
so endete die Unmoral.

*Im Negligé auf der Terrasse*

Ich lieb dich so im Negligé,
auf der Terrasse beim Kaffee,
die Füße bloß, das Haar zerzaust,
wohl dem, der mit dir lässig haust.

Noch sind die Kissen frisch zerwühlt,
der junge Morgenwind, er kühlt
und spielt mit deinem Negligé,
du glühst wie eine Orchidee.

Noch bist du heiß vom warmen Bett,
ach, wenn ich noch solch Feuer hätt',
mich kann nur Kaffee so erhitzen,
du mußt im Negligé noch schwitzen.

Ich lieb dich so im Negligé,
auf der Terrasse beim Kaffee,
ich hab mich ganz und gar versprüht,
du bist erst nachher aufgeblüht.

*Der alte Mantelknopf*

Er stammt von einem Büffeltier
und ist das letzte Souvenir
des Teddymantels, hab ihn selig,
den ich einst fand unwiderstehlich.

Der Mantel war gewaltig dick,
er war mein allerbestes Stück,
er war gewebt aus reiner Wolle,
für mich allein, die liebestolle.

Mir wird noch heute wohl und warm,
denk ich zurück an seinen Charme,
an seine Zottelzärtlichkeit
in jener schlimmen Winterszeit.

Und wer jetzt denkt: sentimental,
die Mär von annodazumal,
vom warmen Mantel, wie beschrieben,
der soll mal einen Eisklotz lieben.

*Bettgeschichten*


Kleider, ohne Fleisch und Knochen,
hohl wie eine leere Hülse,
haben mir das Herz gebrochen,
das beherrscht vom Geist der Ilse.

Sie belebt die toten Lappen,
haucht Verstand und Seele ein,
bis ich glaube den Attrappen
und dem schönen Augenschein.

Röcke, Blusen, Jacken, Hosen
wandern abends in mein Bett,
ach, ist das ein Küssen, Kosen,
Ilse selbst war wie ein Brett.

Endlich kann ich sie verbiegen,
nichts ist weicher als der Stoff,
mich an ihre Ärmel schmiegen,
Wärme spür'n, die ich erhofft.

Stiege Ilse aus dem Grabe,
sie verstände mich nicht mehr,
all mein wunderlich Gehabe
hinkt dem Leben hinterher.

## *Nachruf eines Genesenen auf seine Bettstatt*

Ob du, mein Plumeau, warst verbeult,
du, Kissen, triefend naß geheult,
du, Laken, fleckig und zerknittert,
ihr wart kein bißchen drum erbittert.

Ihr hieltet bei mir treue Wacht,
wart Tag und Nacht auf mich bedacht,
selbst als die Freunde mich verließen,
konnt euch mein Kranksein nicht verdrießen.

Und als das Fieber war gebrochen,
habt ihr noch lang nach mir gerochen,
ja, die Matratze zeigte stolz,
wo ich beinah vor Hitze schmolz.

*Wettermantel im April*


Lauf mir den Buckel runter,
du oller Regenschauer,
das Duschen macht zwar munter,
doch auf die Dauer sauer.

Ich laß mir nicht die Laune
von Brauseköpfen nehmen,
die Blitze ziehn vom Zaune
und drohn mit Donnerszenen.

Ich weiß, nach ein paar Güssen
ist aller Spuk vorbei,
und hinter den Kulissen
hält sich bereit der Mai.

Der bläst mich wieder trocken,
besäuselt meine Haut,
drum bleib ich unerschrocken,
bis daß der Himmel blaut.

*Ein Rhinozeröschen*

Ein Rhinozeröschen
setzt sich ohne Höschen
auf ein feuchtes Möschen.

*An ein Handtuch*


Wickle mich ein,
nimm mich gefangen,
schmeichle dem Hals,
bieg dich wie Schlangen.

Schlinge dich fest
um meine Hüften,
laß kein Geschmeid
ins Abseits driften.

Denn alle Perlen,
die von mir tropfen,
will ich in dich,
Frotteetuch, stopfen.

*Am Tag der schmutzigen Wäsche*


Kein Seifenschaum, kein Wasserdampf,
kein Reiben, Rubbeln und Gestampf,
nur Wäscheleine ist gespannt
von Haus zu Haus, durch Stadt und Land.

Dann schlägt wer auf wie große Bücher
die Hemden, Hosen, Jacken, Tücher
und hängt die ganze Literatur
samt Schmutz und Schund auf jene Schnur.

Nun können alle, die gern wissen,
wo Stellen sind, die arg beschissen,
sich über diese informieren
und sie zur rechten Zeit zitieren.

Fazit:
Kein Lesestoff kriegt so schnell Beine
wie schmutziger auf einer Leine.
Dies merke sich der Schreiberling,
wenn er noch keine Leser fing.

*Der eiserne Vorhang*

Geschmiedet einst in Hirnen,
in Schädeln, knochenhart,
ja hinter Felsenstirnen
verbohrter Denkungsart.

Geschweißt auf kaltem Wege,
gehärtet unter Druck
gezielter Hammerschläge,
Nachhilfe durch Hauruck.

Gehängt mit schweren Ketten
an Träger aus Beton,
getarnt mit Etiketten
der staatlichen Räson.

Genagelt in die Köpfe
für alle Ewigkeit,
so glaubten manche Tröpfe,
die nun vom Zwang befreit.

Der Vorhang ist gerissen,
als wär's ein großes Tuch,
das brüchig und verschlissen,
von modrigem Geruch.

Der Vorhang liegt im Sterben,
er stirbt an Altersschwäch'.
Was machen wir, die Erben,
mit all dem Eisenblech?

*Die graue Eminenz*

Grau kommt daher
die »graue Er«,
nebligen Blicks;
ihr Name ist: X.

Trister Talar,
farbloses Haar,
ohne Geschlecht,
nicht Herr und nicht Knecht.

Löst sich der Schleier,
züngelndes Feuer
bricht aus dem Dunst.
Der Grauton ist Kunst.

*Engelstimme in einer Klosterkirche*

Mann in der Kutte,
nimmst du mich wahr,
die kleine Putte
überm Altar?

Schwebe hier oben
am Tabernakel,
holdselig lächelnd
trotz meiner Makel.

Wünsche mir Hände,
so wie die deinen,
die sich zum Beten
kreuzweis vereinen.

Wünsche mir Knie,
die niederfallen,
lange Gewänder,
die mich umwallen.

Wünsche mir Brust,
Bauch und Gesäß,
möcht mich verneigen,
klostergemäß.

Hab nur die Flügel
und das Gefieder,
das kaum bekleidet
den Stumpf ohne Glieder.

War einst ein Engel
von Großformat,
fiel jäh vom Stengel
wie ein Kastrat.

Mann in der Kutte,
du bist so reich.
Ich arme Putte
neid dir dein Fleisch.

*Total bestrickt*

Wohin mein Auge blickt:
Ich bin von Kopf bis Fuß bestrickt.

Reine Schafwollsocken
von Thusnelda Nocken.
Puls- und Wadenwärmer
von Charlotte Hermer.
Leib- und Nierenschutz
von Wunhilde Lutz.
Westen, Jacken, Mützen
von den Schwestern Titzen.
Dicke Schals und Decken
von Notburga Blecken.
Wollne Unterhosen
von Agathe Rosen.
Echte Rheumahemden
von Ludmilla Lemden.

Nur eine Frage habe ich:
Wer rettet aus dem Knäuel mich?

*Die sanfte Masche*


Couch und Sessel sind behäkelt,
wo sich gern der Sprößling räkelt,
Stühle, Bänke, Schrank und Tisch
überzieht der Häkelstich.

Häkeln ist die sanfte Masche,
jedes Stuhlbein trägt Gamasche,
jede Bank trägt wollne Hosen
für diverse Turnerposen.

Weich und rund ist jede Wohnung
zu des Muttersöhnchens Schonung,
daß nur niemand Anstoß nimmt,
wenn der Bub an Möbeln trimmt.

Wundert's da, daß dieser mäkelt,
wenn die Mutter nicht mehr häkelt?


*Der Ladenhüter*


Ich hüte den Laden
getreu und verläßlich.
Drum nennt man mich spießig,
gealtert und häßlich.

Ich bin wie die Mütter,
die, standortgebunden,
den Posten nicht räumen,
und sei's nur für Stunden.

*Der Trick mit der Schleife*


Es gibt ein Bild, wo eine Schleife
den Anschein weckt gewisser Reife,
obwohl die Trägerin ein Kind,
dem alle Schleifen schnuppe sind.

Die Schleife hat ein Fotograf
dem Kind verpaßt, weil es so brav.
Jetzt wagt es nicht herumzufaxen,
der Schleife könnten Beine wachsen.

So sitzt, das Ungetüm im Haar,
es konzentriert auf die Gefahr,
die ihm von oben ständig droht,
drum guckt es grade so devot.

*Ich kriege die Motten*

Die Jugend zog schon lange aus,
kein Kind wohnt mehr in meinem Haus,
nur abgetragene Klamotten,
die blieben mir, um zu verrotten.

Doch öffne ich die Schränke, Truhen,
so seh ich nicht die Dinge ruhen,
dort regt sich frisches, junges Leben,
es kribbelt, krabbelt, welch ein Segen!

Die Winterruhe scheint dahin,
das Haus kriegt wieder einen Sinn,
schon schwirrt durch meine leeren Zimmer
der Motten hoffnungsvoll Geflimmer.

Der alte Plunder ist erwacht,
ein zweiter Frühling naht mit Macht,
statt meiner Kinder, die entflogen,
ist neuer Nachwuchs eingezogen.

*Der Fummelover*


Mal zwickt er hier,
mal zwackt er da,
mal kratzt er fern, mal kratzt er nah,
es juckt fürwahr an allen Enden.
Wie soll sich dieser Umstand wenden?

Ich äuge da,
ich äuge hier,
ich glaube schon, es kriecht Getier
durch meinen Pulli, reine Wolle,
vergebens mach ich die Kontrolle.

Es kitzelt hier,
es kitzelt dort,
doch stets ist schon der Anlaß fort,
sobald ich nur den Ort befühle,
es ist, als ob man mit mir spiele.

Es nervt mich arg,
es nervt mich schlimm,
vorbei ist es mit dem Benimm,
ich fummle ständig am Pullover
und wirke immer doofer, doofer.

*Noch und nöcher*

Ein Knopfloch gilt nach 50 Jahr'n
als ausgedientes Exemplar.
Es franst und fusselt vor sich her
und packt den dicksten Knopf nicht mehr.

Du, Frau, bist nicht ein solches Loch,
geht auch dein Mundwerk noch und noch,
du quasselst dich zwar fusselig,
doch wirst erst später schusselig.

*Ein Unglück kommt selten allein*

Ein Schuh steht einsam in der Ecke
und weiß nicht mehr, zu welchem Zwecke,
sein Partner fehlt ihm schon seit Jahren,
er kann sich nicht mehr mit ihm paaren.

Gibt es nur Lebenssinn zu zweit?
Gilt man nichts mehr in Einsamkeit?
Sind nur die Paare noch gefragt?
Wird die Vereinzlung totgesagt?

Nicht nur, daß ihm der Freund entrissen,
der Mensch will auch nichts von ihm wissen,
kein Fuß will sich in ihm verkriechen,
man kann ihn einfach nicht mehr riechen.

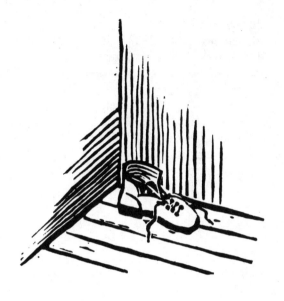

*Der Schleier*


Der Schleier ist ein feines Ding,
mit dem man früher Bräute fing.
Sie haben sich darin verfangen
wie Vögel, die ins Netz gegangen.

Flugs war das schöne Tier gerupft,
die Freiheit mit davongehupft.
Am Ende blieb der jungen Braut
nur noch die nackte Gänsehaut.

## *Das Damentaschentuch*

Erst hielt ich es für Dekoration,
den nützlich Denkenden zum Hohn.
Doch wenn ich wie die Männer schneuze,
mit jedem Stückchen Stoff ich geize.

Die Nase bleibt gestrichen voll,
da steh ich Frau nicht einen Zoll
dem Manne nach, vielmehr ich sehe,
ich schleime mehr, als ich verstehe.

Ach, hätt ich doch ein großes Tuch,
ich füllte es mehr als genug,
wie es das Herrentuch erlaubt.
Ich hab noch nie mich ausgeschnaubt.

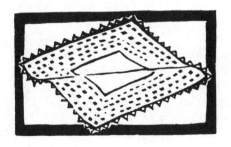

*Grabrede*

Willibald, seit du verstorben,
werd ich überall umworben,
ja, der schwarze Witwenschleier
schenkt mir täglich neue Freier.

Nie so weiß schien meine Haut,
nie mein Leib so wohlgebaut,
seit ich geh in Schwarz gekleidet,
jedes Brautpaar mich beneidet.

Mit kohlrabenschwarzen Fähnchen
jag ich Trübsal und Migränchen,
bitte, werd im Grab nicht sauer,
wenn ich gerne hisse Trauer.

Du bleibst doch mein Favoritchen,
nennen manche mich auch Flittchen.
Da ins Schwarze du getroffen,
stehn mir alle Türen offen.

*Die große Umkleidekabine*

Am Morgen an: die Strümpf, die Schuh,
die Hose und so weiter,
am Abend wieder das Getu
wie alle Mitarbeiter.

Den Gürtel auf, das gleiche Lied,
in umgekehrter Richtung,
die Menschheit an und aus sich zieht
in ständiger Verpflichtung.

Der ganze Erdkreis scheint halbiert:
die einen gehn verpackt,
die andern streifen ungeniert
die Hüllen ab, sind nackt.

Nur selten mal verwischen sich
die Grenzen der Bekleidung,
es läuft das Uhrwerk unterm Strich
mit wenig Überschneidung.

Fast könnte man der Sonne Gang
nach dem Verlauf bemessen,
so pünktlich kommt der Tatendrang,
ist auch der Rock versessen.

Am Morgen zu, am Abend auf,
so geht's zu Land, zu Meer,
die Knöpfe warten schon darauf,
kein Knopfloch stellt sich quer.

Und in das große Aufundzu
stimmt alles freudig ein,
vom Oberhemd bis zum Dessous
will jeder artig sein.

*Der vergessene Handschuh*

Er liegt wie vergessen im Handschuhfach
und hält sich trotz Dunkelheit für dich wach.

Er horcht auf deiner Finger Gepoch
und fragt immer wieder: Wie lange noch?

Er kann nicht vergessen die treue Hand,
die täglich den Balg ihm gestrafft, gespannt.

Sie machte lebendig die leere Hülle,
verschaffte ihm Inhalt und Lebensfülle.

So komm doch und nimm wieder von ihm Besitz,
er hält sich bereit bis zur Fingerspitz'.

*Das Müffchen*

Und fährt die eine Hand hinein
und glaubt, nunmehr allein zu sein,
da naht ihr von der Gegenseite
die andre, sogenannte zweite.

Die beiden nicken nur und brummen
etwas von Gruß, und schon verstummen
die zwei, obwohl der Ort so knuffig.
Warum sind Nahverwandte muffig?

*Der »Vatermörder«*


Ein Vatermörder, der bereut,
vor einem Beichtstuhl dennoch scheut,
er traut sich nicht vor einen Pater,
der untersteht dem Heilgen Vater.

*Köln 1940*
*oder*
*Krieg der Knöpfe*


Mit meinem Bruder Albert-Heinz
focht ich manch Kämpfchen links des Rheins.
Das ist nun fünf Jahrzehnte her,
doch dieser Krieg wog nicht so schwer.

Das Schlachtfeld war der Küchenschrank,
das Fensterbrett die Abschußbank,
die Feinde waren Mutters Knöpfe,
als Gräber dienten Blumentöpfe.

Die Bahre war ein Lineal,
ein Bleistift klopfte den Choral,
der Pfarrer, eine Schachfigur,
bekreuzigte die Heldenflur.

Doch anderntags, ohn jeden Graus,
grub ich die Toten wieder aus
und brachte das Kanonenfutter
zurück zum Nähkorb meiner Mutter.

*Mein Totenhemd*

Einst ward es selbst genäht, gesponnen,
vielleicht auf eignem Feld gewonnen.
Heut nimmt man für den letzten Gang
ein Totenhemd gleich von der Stang'.

Die Konfektion reicht bis zum Grabe:
Ob Greis, ob Jüngling oder Knabe,
ein jeder trägt ein Totenhemd
aus dem Bestattungssortiment.

Ich wünsch mir eins aus weißem Linnen,
'ne Handarbeit zum Liebgewinnen,
die nur für meine Leich' gemacht
und nicht für jedermann gedacht.

*Häute*

Die erste Haut macht, daß ich lebe.
Die zweite ist ein Garngewebe.
Die dritte wird aus Holz gezimmert.
Doch dann hab ich schon ausgewimmert.
Denn Holz und Garn kann überleben
die dünne Haut, an der wir kleben.

*An die tote Mutter*

Seit ich geboren, nackt und bloß,
seit ich entflohen deinem Schoß,
geh' ich bekleidet – mutterlos.

Seit ich nicht mehr umschlossen bin,
von deinem Fleisch, von deiner Minn,
ist nur noch Flickwerk mein Gewinn.

Was mich umfängt, was mich liebkost,
was mich behemdet und behost,
sind nur Klamotten – welch ein Trost!

Ein kleiner Trost, das ist wohl wahr,
ich spür es mehr von Jahr zu Jahr,
wie lieb einst deine Trage war.

Seit ich geboren, nackt und bloß,
seit ich entflohen deinem Schoß,
geh ich bekleidet – mutterlos.

*Am Webstuhl*

Gespannt meine Kette,
Faden um Faden,
zu tragen mein Schiffchen
auf schwankenden Pfaden.

Und halt ich das Garn
auch fest in den Händen,
gleich ruft es am Ufer:
Das Fahrzeug muß wenden.

Da gibt's kein Entspannen
nach glücklicher Landung,
der Sturm wirft das Schiff
erneut in die Brandung.

Das Hin und Her macht
mich müder und müder,
doch lebt meine Gewebe
vom Auf und vom Nieder.

Aus Kette und Schuß
erwächst das Geflecht,
in das ich verwoben,
gekreuzt und aufrecht.

Ich webe mein Leben
fadenkreuzweise,
an den Webstuhl gekettet
bis zum Ende der Reise.

*Ich wäre gern textil*


Ja, wenn ich wünschen könnte,
ich wäre gern textil,
es brauchte gar nicht viel
und ich käm schon zum Ziel.

Ja, wenn ich wünschen könnte,
ich wäre gern mobil,
ein loses Fadenspiel,
das jedem gleich gefiel.

Ja, wenn ich wünschen könnte,
ich wäre gern labil
und schmiegte mich grazil
um jeden Rumpf und Stiel.

Ja, wenn ich wünschen könnte –
doch bin ich – wie'n Reptil –
gefestigt und stabil,
beinahe ein Fossil.

*Beneide nicht die Nachtwäsche*


Was flattert da im Mondenscheine?
Ein Nachthemd auf der Wäscheleine,
es hebt den Arm, es beugt das Knie,
als führte es zur Nacht Regie.

Jetzt regt sich auch das Hinterteil
und bläht sich auf und stellt sich steil,
der Busen wölbt sich frei heraus
und kommt aus seinem Schneckenhaus.

So leicht tut sich kein Menschenkind,
selbst wenn ihm hilft ein wenig Wind,
es ist nicht kopflos wie das Hemd,
drum ist es stets etwas verklemmt.

Doch auch das Hemd ist nicht so frei,
wie es erscheint. Ganz nebenbei:
Zwei Wäscheklammern geben acht,
daß es nicht abhebt in die Nacht.

*Letzte Gelegenheit*

Eil dich, Matrone,
geh oben ohne!


*Der alte BH*

Buchhalter möchte er gerne sein,
an Zuwachs und Gewinn sich freun,
und gäb es einmal Defizite,
so gäb er immer noch Kredite.

Die Schulden würde er verteilen,
kein Körbchen könnte mehr verbeulen.
Ach, wär er doch Finanzverwalter
und nicht ein alter Büstenhalter!

*Anruf eines Untermieters*

Hier spricht der Floh in deinem Pelz:
Dein süßes Blut, Mensch, mir gefällt's.

Dein warmer Dunst, dein weiches Fell
sind Wohnstatt mir und Lebensquell.

Ich rede jetzt mit vollem Mund.
Verstehst du mich noch, Adelgund?

Gern ruf ich an zu andrer Zeit,
wenn nicht mein Darm nach Blutwurst schreit.

*Fersengeld*

Ich stecke manches in den Strumpf
und heb es auf als letzten Trumpf.
Doch wenn die Not ist ausgebrochen,
dann hat es sich bereits verkrochen.

Die erste Zeit liegt's griffbereit
am kleinen Zeh und scheint zerstreut.
Hernach rutscht es in Richtung Sohlen
und sinnt auf Pfade, die verstohlen.

Zum letztenmal läßt es sich sehn
am Hühnerauge, um halbzehn.
Drauf taucht es in die Unterwelt
und lebt dort fort als Fersengeld.

*Die Geburt der Strumpfhose*


Der Strumpf, der sonst nur lose
Kontakt pflog mit der Hose,
erfuhr beim letzten Stelldichein,
daß sie im Dienst am selben Bein.

Er war gleich von den Socken
und bat sie unerschrocken:
Schenk mir dein Herz, du Höschen,
und teil mit mir dein Löschen!

Die Hose, selbst empfänglich,
schwor ihm's gern lebenslänglich.
Nun leben Strumpf und Hose
in fruchtbarer Symbiose.

Mensch, laß das Naserümpfen,
du zählst nicht zu den Strümpfen,
das heißt, der arme Dichter doch:
Verdichten ist sein täglich Joch.

—

So taten sich zusammen
und schenkten vielen strammen
Strumpfhöschen noch ihr Leben:
die beiden, treuergeben.

Mit Linolschnitten von

Helmut Moos

## Total möbliert

Ich bin möbliert bis unters Dach,
vom Keller bis zum Speicher, ach,
kein freier Raum, wie zugestellt
ist die gesamte Wohnungswelt.

Ich bin möbliert bis an die Zähne,
ich ecke an, wenn ich nur gähne,
auch mein Gebiß, ein stetig Übel,
– wie alle Zimmer voller Möbel.

Ich bin möbliert bis in die Träume,
ich wünsche mir statt Möbel Bäume,
doch träume ich statt von Natur
von einer Polstergarnitur.

Ich bin möbliert bis auf die Knochen
und geh auf Krücken schon seit Wochen,
das Schienbein stößt sich nicht mehr wund,
»zersplittert« lautet der Befund.

Ich bin möbliert bis in die Seele,
kein Arzt begreift, was mir denn fehle,
dabei bin ich nur permanent
von Möbelstücken eingeklemmt.

Ich bin möbliert bis an mein Ende,
ja, auch der Tod bringt keine Wende,
die Särge stehen schon im Fenster,
ich seh die Möbel als Gespenster.

Ich bin möbliert bis in den Himmel,
auch dort nurmehr ein Stuhlgewimmel,
ein jeder will noch höher thronen,
um auch bei Gott möbliert zu wohnen.

*Deutsche Gemütlichkeit*

Unter der Zimmerlinde
träumt sich's so schön von Natur,
weckt uns kein Vogelgezwitscher,
ruft nur die Kuckucksuhr.

Röhrt nur der Hirsch im Rahmen,
sträubt sich das Wildschweinfell,
schwellen die Lederpolster,
seufzt nur das Holzgestell.

Unter der Zimmerlinde
träumt sich's so schön von Natur,
säuseln sich Hans und Grete
etwas von Liebe vor.

*Schöne Bescherung*


Zu Hause vor dem Fenster,
da steht ein Tannenbaum,
ich träumt in seinem Schatten
den deutschen Einheitstraum.

Ich hing in seine Äste
so manche Wunderkerz
und viele Räuchermännlein
fürs liebe Bruderherz.

Ich muß heut' nicht mehr träumen,
der Weihnachtsmann war da,
doch keine Englein singen
auf deutsch: Alleluja.

Und keine Zweige rauschen
etwas von Rast und Ruh.
Ich sitz im Fernsehsessel
und mach die Augen zu.

Die kalten Winde blasen
mir nicht ins Angesicht,
kein Hut flog mir vom Kopfe,
ich wendete mich nicht.

Bin nur paar Autostunden
vom Brüderlein entfernt
und hab vor lauter Wohlsein
»Macht hoch die Tür« verlernt.

*»Nachdichtung«*


Wie hatte es die Welt vordem
mit deutscher Einheit so bequem:
Die eine Hälfte lag im Licht,
doch die im Dunkeln sah man nicht.

## Krieg im Wohnzimmer

Die Polstermöbelindustrie
floriert seit Kriegsbeginn wie nie.
Ob Sofas, Sessel oder Stühle,
der Kauftrend geht in Richtung: Pfühle.

Der Konsument liebt es bequem,
steht er vor einem Weltproblem,
und hofft, mit gut plaziertem Hintern
die Meinungsschlacht zu überwintern.

Vor allem will er sicher sitzen,
mit Schulter-, Arm- und Rückenstützen,
wenn er am Abend siehet fern:
Totschlag und Mord auf unserm Stern.

Es ist so angenehm zu wissen,
der eigne ruht auf Sofakissen,
derweil der andren Köpfe rollen.
Wer soll den Möbelmachern grollen?

*Das Sofakissen*

Rechts eine Beule, links eine Beule,
so kriegt es ständig eins mit der Keule.

Nichts scheint auf Dauer gültig geklärt,
immer ist eine Beule verkehrt.

*Bonner Trumm*


Man tippt und tappt auf ihr herum,
als wär sie eine dicke Trumm,
als käm es nicht aufs Treffen an,
nur auf den Ton, auf das Tamtam.
Man denkt an B. und tippt Berlin
und setzt auf die Verschreibmaschin'.




*Wäre sie ein Klavier*


Wäre sie ein Klavier,
stimmte ein Kavalier
ordentlich Ton für Ton.
Doch für die Frau, die verstimmt,
gibt's keinen Mann, der stimmt,
und wär's eine Stimmungskanon'.

*Mein armer Sekretär*

O du mein armer Sekretär,
du hast fast kein Geheimfach mehr.

Dein Herz gleicht einer Mördergrube,
seit dich geplündert hat Spitzbube.

Nur ein Geheimnis bleibt dir noch:
ein klitzekleines Holzwurmloch.

Doch das verrät sich, wie bekannt,
durch Holzmehl an der Hinterwand.

O du mein armer Sekretär,
du hast fast kein Geheimfach mehr.

Du bist so ausgeheimst wie ich,
drum fühl ich mit dir schwesterlich.

## Gesang der Holzwürmer

Wir beißen uns durch die Düsternis,
die Wege sind schwarz und ungewiß,
die einzige Hoffnung: unser Biß.

Wir beißen uns durch den weichen Splint,
die Mäuler bemehlt und voller Grind,
bis die letzten Dämme durchbrochen sind.

Wir beißen uns durch den harten Kern,
durchbohren Barrieren und Straßensperrn
und spielen uns auf wie die großen Herrn.

Wir beißen uns durch mit bloßer Haut,
der blinde Magen verdaut, verdaut,
vor dem Ende des Ganges uns trotzdem graut.

Wir beißen uns durch die Düsternis,
wir sind auf dem Holzweg, das ist gewiß,
die einzige Hoffnung: unser Biß.

*Die Kriechspur*

Durch Jahresringe bohrt sich der Wurm,
kennt Sonne nicht noch Regen noch Sturm.
Doch du, den Licht und Luft umfließt,
weißt du, wer deine Kriechspur liest?

## Wider den Stumpfsinn

Schnell einen Lappen,
der mich poliert,
der mich altes Möbel
mobilisiert.

Schnell etwas Fett,
etwas Pomade
auf das Gesicht,
auf die Fassade.

Nicht mehr sinniert,
nicht mehr gegrübelt,
jetzt wird der Lack
neu aufgemöbelt.

*Du altes Möbel du*

Du altes Möbel du,
stehst da nur immerzu,
stehst da verstaubt, verdreckt,
niemand zeigt mehr Respekt.

Ist auch der Lack schon ab,
setz endlich dich in Trab!
Bald zieht der Holzwurm ein,
bald gehst du aus dem Leim.

Nimm deine Röcke hoch,
tritt aus dem Kellerloch,
tanz noch ein letztesmal,
heute ist Damenwahl!

Tanz mit dem Kleiderschrank,
tanz mit der Ofenbank,
tanz mit dem Himmelbett,
mit Gambe und Spinett!

Lasse dein Holzbein sehn,
massiv ist wunderschön,
allein die Maserung
verdient Bewunderung.

*Wenn der Vierbeiner tanzt – – –*

In Schwadorf begab sich ein Tisch aufs Parkett
und tanzte zum erstenmal frei Menuett,
verdrehte die Beine, verrenkte die Knie,
ein solches Verwirrspiel sah Schwadorf noch nie:
von Schenkeln und Waden, von Knöcheln und Füß',
zur Nacht gab es Eisbein, Kompott und Gemüs'.

## *Zum Tode meiner Kommode*

Sie starb auf unbequeme Weise,
im Stehen, keine Wand im Rücken,
nicht im Familienkreise,
vor fremden Blicken.

Sie starb, als ging es auf die Reise,
abholbereit und ungebunden.
Ich nahm die Axt und stracks
schlug ich ihr Wunden.

Sie wehrte sich kein einzig Mal,
ließ mich die Bretter sauber spalten,
als hätt' ich keine Wahl,
wär' nicht zu halten.

Ich warf das Kleinholz in die Glut,
die Flammen zogen enge Kreise.
Die Alte, herzensgut,
verkohlte leise.

Im Grunde war sie zu kommod,
nie lästig oder ein Problem.
Jetzt, wo die Gute tot,
ich mich erst schäm'.

*Geständnis*

Der Ofen brennt, die Scheite knarren,
das alte Holz hält mich zum Narren.

Es knistert, knattert, knackt und kracht
und hält mir vor die rote Kart.

Ein junges Flämmchen winkt mir zu,
als ging es um ein Rendez-vous.

Jetzt färbt die rote Glut sich schwarz,
doch weiterhin im Ofen knarrt's.

So seufzt die Seel im Fegefeuer,
fürcht ich, der Holzkopf Ferdi Breuer.

*Zum Beispiel Zahnbürsten*

Die Schwarze auf der Marmorplatte,
damit putzt das Gebiß der Gatte.
Die Weiße in dem Glas daneben
zeugt von der Hausfrau Lotterleben.

Die Borsten stehen straff und steif,
ganz unbenutzt von jenem wife,
das weder Zahn noch Zimmer scheuert,
statt dessen lieber fegefeuert.

Es sitzt im Schornstein mit dem Besen
und treibt dort jede Nacht sein Wesen,
um Saubermänner zu bekohlen,
Zahnbürsten seien Gott befohlen.

Was tut der Gatte, schön beschmiert,
er nimmt die Weiße und poliert
das Teufelsweib, das so gewitzt,
damit kein Zahnarzt nörgelfritzt.

*Fort die grelle Lampe!*


Fort die grelle Lampe,
hier wohnt meine Schlampe!
Fort die scharfe Brille,
laßt mir die Idylle!

In der Dämmerung
zählt nicht Dreck noch Dung,
es zählt in dunkler Kate
nur mein Stern Agathe.

*An meinen Armleuchter*


Du streckst dich aus der Wand
mir liebevoll entgegen,
den Arm weit ausgespannt,
zu leuchten meinen Wegen.

Du wahrst getreu die Haltung,
wenn ich sie auch verliere
und deine Mühewaltung
leichtfertig ignoriere.

Mit deinem Arm verglichen,
bin ich ein schwankend Rohr,
mit vielen Widersprüchen,
ein zweiarmiger Tor.

*Ein breiter Schrank*

Ein breiter Schrank kommt durch die Tür
und nimmt Klein Rita ins Visier.

Klein Rita ist ein heißes Öfchen,
dem er seit langem macht das Höfchen.

Er steuert gleich auf Rita los
und setzt sich quer auf ihren Schoß.

Der Ofen schwankt und bricht zusammen,
der Schrank jedoch steht hell in Flammen.

*Vom Ende eines Ofenrohrs*

Ein Ofenrohr
mit steifem Knie
seit Jahren Gift
und Galle spie.

Dann platzte ihm
der Eisenkragen
vor lauter Dick-
und Dünndarmplagen.

Es riß sich los
vom Bollerofen
und zog es vor,
davonzuloofen.

Doch als das Knie
sich wollte strecken,
brach das Gelenk
dem kühnen Recken.

Nun lag es da,
das arme Rohr,
und grämte sich
wie nie zuvor.

Bald fand es dort
ein Schreiberling,
der gleich aufs Knie
zu reimen anfing.

So endete
der Fluchtversuch
in diesem Haus-
und Möbelbuch.

Und die Moral
von der Geschicht':
Bist du geknickt,
versteif dich nicht!

*Schreiben in Köln*


Auf jeden Schreibplatz äugt der Dom,
selbst auf den Tisch der Redaktion.

Vom Zifferblatt der Zimmeruhr
blickt ernst der Dom in Miniatur.

Aus einem Aschenbecher schaut
derselbe Dom, etwas ergraut.

Vom Schreibtischschoner, handbedruckt,
der Dom entzückt zur Decke guckt.

Am Lampenfuß, blitzblanker Chrom,
erstrahlt der weiße Weihnachtsdom.

Im Tintenfaß bespiegeln sich
die Türme, reichlich selbstherrlich.

Und im Papierkorb knittern leise
dieselben Türme, haufenweise.

Das Werbeblatt der Stadt am Strom
hat einen Knick quer durch den Dom.

Ein Polstersitz mit Dom-Emblem
verbiegt sich höchst unangenehm.

Ein Journalist, mit Blick zum Dom,
schreibt gerade eine Rezension.

Hier endet jäh das Köln-Gedicht,
sonst druckt die Redaktion es nicht.

*Der Stubenvogel*


Ich sitz in meinem Käfig
und sing ein fröhlich Lied,
obwohl mein Frauchen meinte,
ich sei wohl schizoid.

Der andern Leute Vögel,
die sängen nicht so froh.
Ich pfiff auf all die andern
und auf den Status quo.

Ich wüßte tausend Lieder
– dies wär ein Phänomen –
und putzte mein Gefieder,
nur frage sie: Für wen?

Wär' ich nicht gern ein Adler
und flög' ins Wolkennest?
Wie könnt' ich so schön zwitschern
trotz strengstem Stubenarrest?

Ich sitz in meinem Käfig
und sing ein fröhlich Lied,
weiß nicht, was es bedeutet,
ich sei wohl schizoid.

*Vor dem Schreibtisch*

Ein Schreibtisch, groß und mächtig,
verängstigt mich, die schmächtig
und leicht rachitisch auf der Brust,
da flieht mich alle Schaffenslust.

Ich brauche einen Kleinen
mit kurzen Stummelbeinen,
dann wag ich mich gewaltig vor
und schreibe fast wie ein Autor.

*Nachruf*

Ein Kuli, der hat ausgedient,
einen Nachruf wohl verdient.

Gehorsam ist er viele Wochen
übers Schreibpapier gekrochen,
für Liebesbriefe, Beileidszeilen,
Gesuche oder Mahnungsschreiben.
Ob meine Hand ihn sicher führte,
ob er am Druck die Not verspürte –
er gab sein Inneres, bis zuletzt
die Leere einen Schlußstrich setzt.

Hab Dank, du gutes Schreibgerät,
für deinen Dienst von früh bis spät!
Du sollst zum Dank für diese Gaben
heut' eine neue Mine haben.

*Der Schreibtischtäter*

Ein Blumenständer stellt sich auf die Zehen
und will den Schreibtischtäter sehen,
der zwischen sich und ihn gestellt
den hohen Turm der Aktenwelt.

Doch wie er auf den Spitzen schwebt,
der Aktenturm vor Schreck erbebt,
verliert sein altes Gleichgewicht
und gibt dem Blumenständer Sicht.

Der Freiraum währt jedoch nur kurz:
Da sitzt ein Mann mit Namen Schnurz,
der nimmt die Sache ziemlich locker
und schichtet alles auf den Hocker.

Dann leert er lässig auf den Tisch
die Aktentasche, Wisch auf Wisch,
und schafft sich einen neuen Turm.
Jetzt fehlt nur noch der Bücherwurm.

Zuletzt geht er zu jenem Ständer,
vergreift sich an dem Blumenspender
und bringt den Alpenveilchenstrauß
zum Schreibtisch in sein Schneckenhaus.

Was in dem Schneckenhaus geschieht,
der Ständer weiterhin nicht sieht.
So sehr er sich auch reckt und streckt,
der Schreibtischtäter bleibt bedeckt.

Bald laufen unterm Schreibtisch her
die Leseratten, kreuz und quer,
die Schnauze voller Aktenschnitzel,
und stopfen sie in jedes Ritzel.

Ist nun Herr Schnurz der Schreibtischtäter,
vielleicht auch nur sein Stellvertreter?
Der Blumenständer fragt sich's ehrlich.
Ihm blüht rein gar nichts mehr diesjährig.

*Für Brigitte Niedlich*


Still wie ein Veilchen
schreibst du manch Zeilchen
fleißig und fein
in dein Heft hinein.

Nicht das, was groß,
zählt bei Frau Moos.
Sie mag auch Blümchen
und feine Krümchen.

Drum mach so weiter,
bleib niedlich und heiter!
Habe viel Mut:
Kleinsein ist gut!

*Auf der Katzenbank*

Ich wär' so gerne eine Katze
und spränge dir in deine Fratze,
so sehr hast du mich angefaucht,
daß mir noch jetzt der Schädel raucht.

Ich kratze dir die Augen aus
und spiele mit dir Katz und Maus,
bis du Verzeihung hast geschnurrt
und mich umstreichst wie Kater Kurt.

Doch leider bin ich nur das Kätchen
und du der Lehrer für die Mädchen.

*Das Lehrerpult meint*

Es gibt welche,
die nur im Schutze meiner Planken
hinauf zu ihrem Posten ranken.

Es gibt welche,
die sich in ihrem Amt verschanzen
und nur agieren als Instanzen.

Es gibt welche,
die schaffen dienstlich den Infarkt
und werden lebend eingesargt.

Es gibt welche,
die treibt der Tod erst aus der Schule,
so hängen sie am Lehrerstuhle.

## *Kindertraum*

Ich komme ins gemachte Bett,
die Decke ist schon aufgeschlagen.
Wenn ich nur auch die Freiheit hätt',
es zu genießen mit Behagen.

Die Kissen sind hoch aufgebauscht,
die weißen Laken überspannt –
mir ist, als würde ich belauscht
vom Gummituch – zu meiner Schand.

Bin ich denn wirklich nicht ganz dicht?
Frau Holle müßte es ja wissen.
Ist auch das Bettzeug ein Gedicht,
am liebsten möcht ich mich verpissen.

Verängstigt guck ich aus der Wäsche
und denke still: Vertrauensbruch!
Ich leide nicht an Blasenschwäche,
drum scheiß ich auf das Gummituch.

*Trennung von Tisch und Bett*

Lieber, guter Silberfisch,
bitte, bleibe auf dem Tisch,
wo wir unsre Stullen kriegen
und so schöne Krumen liegen.

Doch wenn wir ins Bettlein steigen,
dann, mein Guter, bin ich eigen:
keine Krümel, kein Getier
dulde ich im Nachtquartier.

## Auf der Wickelkommode

Hier wirst du ganz schön eingewickelt,
ja schon vom ersten Tage an.
Die Sache ist total verwickelt,
weil du nicht weißt, wie es begann.

Und hast du später dich entwickelt,
du bleibst mit allem Drum und Dran
in jene Wickel eingewickelt,
so sehr prägt dich der erste Clan.

*Zwischen den Möbeln*

Auf den Betten wird geboren
und sich Lieb und Treu geschworen.

An den Tischen wird gegessen
und das Tagesbrot bemessen.

In den Schränken wird gehortet
und in Fächer eingeordnet.

Auf Regale wird gestellt
Kunstgeschmack der Außenwelt.

An den Stühlen wird gerückt,
was im Teppich sich eindrückt.

Mit der Uhr wird abgerechnet
und der neuste Stand verfechtet.

Zu den Fenstern wird gegangen
und die letzte Flieg' gefangen.

Auf den Betten wird gestorben
und der Totenschein erworben.

*Die Glasvitrine*


Mein Innres liegt offen für jedermann,
zerbrechliche Dinge aus Porzellan.
Ich hüte sie wie ein Heiligtum,
doch ihr, ihr wollt damit dicketun.

Ihr macht meine Seele zum Schauobjekt,
viel lieber hielt ich mich schamvoll bedeckt.
Ach, hätt ich Gardinen vor meinen Scheiben,
die könnten die gierenden Gaffer vertreiben.

*Inserate*

Frauenzimmer, voll möbliert,
reich mit Extras ausstaffiert,
Nierentisch und Ohrensessel
warten auf Ihr Wohninteressel.

Frauenzimmer mit Balkon
ruft nach Ihnen, Herr Baron,
Nebeneingang, große Diele,
renoviert im Jugendstile.

Frauenzimmer, gut bestuhlt,
von der Männerwelt umbuhlt,
sucht nach einer Agentur,
zwecks Vermittlung von Kultur.

Frauenzimmer, tolles Haus,
Gründerzeit, ein Augenschmaus,
mietbar unter Vorbehalt,
weil die Heizungsrohre kalt.

Frauenzimmer, leicht lädiert,
Konservierung garantiert,
denkmalpflegerisch betreut,
dennoch bestens aufgeräumt.

Frauenzimmer ohne Keller
schreit nach einem Fallensteller,
auf den sperrmüllreifen Tischen
jagt die Maus nach Silberfischen.

Frauenzimmer, sehr gepflegt,
alles unter Putz gelegt,
wünscht sich sichren Gasanschluß
für eventuellen Exitus.

Frauenzimmer unterm Dach,
hoch gefährdet, mannigfach,
träumt von einem Blitzableiter
als beständigem Begleiter.

Frauenzimmer, schwach belichtet,
Türen, Fenster abgedichtet,
hofft auf baldige Erleuchtung
nach jahrzehntelanger Täuschung.

Frauenzimmer mit Insassen,
unverfälscht, naturbelassen,
freit an einem Untermieter,
der fungiert als Samariter.

Frauenzimmer, tief gesunken,
weil im Vater Rhein ertrunken,
Trockenlegen nicht erwogen,
Seebestattung schon vollzogen.

## *Psychogramm eines Bücherschranks*

Er möchte aus der Enge flüchten,
die Welt da draußen gerne sichten.
Doch steht er stramm auf allen Vieren
und kann sich nicht vom Flecke rühren.

Nur nachts hört man es manchmal knarren,
als würden seine Füße scharren.
Vielleicht geht er im Traum spazieren,
im großen Bücherwald flanieren.

Vielleicht geht er mit Günther Eich
von Bergengruen zu Stefan Zweig,
vielleicht von Johann Gottfried Fichte
zu Christa Wolf und liest Gedichte.

*Klaps*

Klaps ist mein Klappstuhl für die Reise,
stets hilfsbereit auf seine Weise,
klappt bei Bedarf den Sitz heraus,
daß ich mich fühle wie zu Haus'.

Mal sitz ich, wo nur Eis und Schnee,
mal tief im Wald bei Fuchs und Reh,
mal sitz ich mitten in der Stadt
und nehm ein großes Menschenbad.

Und hab ich mich genug verschnauft,
dann heißt es wieder: Füße, lauft!
So seh ich manches auf der Welt,
dank Klaps, der mir die Treue hält.

Doch einmal nach der Mittagsruh,
da geht der Klappsitz nicht mehr zu.
Ich zieh und zerre an den Beinen.
O bitte, Klaps, hör auf zu greinen!

Ich gebe dir ein Gläschen Schnaps,
das löst den Krampf, mein guter Klaps!
Ein Schluck – schon kriegt er einen Rappel,
von Kopf bis Fuß nur ein Gezappel.

Klaps ringt nach Luft, kann nur noch japsen,
dann seh ich ihn zusammenklapsen.
Das war sein letztes Lebensstündchen.
Ich ging noch gern mit ihm ein Ründchen.

Doch leider bin ich selber klapprig
und ab und zu auch ziemlich rapplig.
Ob ich auch bald zusammenklappe,
bei einem Schnäpschen überschnappe?

*Der Heilige Stuhl*

Es gibt viele Stühle
– wer kennt ihre Namen? –
nur einer ist einzig,
gesperrt für die Damen.

Man weiß zwar von Frauen,
die heilig gelebt,
doch keine hat jemals
den Stuhl angestrebt.

Das heißt, wohl im Märchen:
Dem Fischer sin Fru,
die wollt ihn besitzen,
obwohl er tabu.

Doch ist es ihr nur
für Stunden gelungen,
danach hat man ihr
die Leviten gesungen.

Noch heute besetzen
die Herren den Stuhl
und glauben, die Frau
säß' im Sündenpfuhl.

*Die gespaltene Kniebank*


Ich steh wie immer am Altar,
trotz Not und Zweifel, Jahr für Jahr,
und halte mich stets dienstbereit
für euch, wenn ihr in Nöten seid.

So manches Bein hat mich bekniet,
ich hörte stets dasselbe Lied:
Gejammer nur und Wehgeschrei,
ihr Beter tut mir ernstlich leid.

Dahin die Zeit der straffen Beine,
im Chorgestühl, beim Kerzenscheine,
die Schenkel prall, die Waden rund,
da war der Glaube noch gesund.

Da gab es Dank- und Lobgebet,
man pries den Herrn, ob früh, ob spät,
heut seh ich nur noch weiche Knie,
so sehr beugt sie die Hierarchie.

Ich krieche selber auf dem Boden,
ach, könnt' mich doch der Teufel holen,
wie soll ich da die Beter halten,
mein Inneres ist wie gespalten.

*Der Beistelltisch*


Er möchte auch dazugehören,
doch nicht die großen Tische stören.

Am Rande stehen wär' schon viel.
Es gäb' ihm endlich das Gefühl,
er zähle auch zur Tischgemeinschaft,
wenn auch nur lose, nicht aus Freundschaft.
Und kriegte er paar Kratzer ab
beim allgemeinen Papperlapapp,
womöglich einen Kaffeefleck –
er hockte nicht mehr hier im Eck.

Was soll das Stehn in Ecken, Nischen?
Er möchte auch mal was auftischen.

Mit »Sticheleien« liegt erstmalig ein Sammelband von fünf Gedichtbänden vor: »Knöpfe im Dutzend«, »Kurzwaren«, »Alle Tassen im Schrank«, »Ich kriege die Motten« sowie die bislang unveröffentlichten Gedichte der Sammlung »Über Tische und Bänke«.

Hildegard Moos-Heindrichs, * 1935 in Köln, Abitur und Studium in Bonn, bis 1989 Unterrichtstätigkeit an Grund-, Haupt- und Aussiedlerschulen, zuletzt am Gymnasium, seit 1958 verheiratet mit dem Bildhauer Helmut Moos, vier Kinder, zwölf Enkel, wohnhaft in Bonn und in der Eifel.

„Im Horlemann-Verlagsprogramm gibt es etwas, das anderswo gänzlich ausgestorben ist: eine Reihe mit schönen und lesenswerten Lyrikbänden." *Blitz, Juli 1994*

*Fordern Sie unser aktuelles Gesamtverzeichnis an!*

Horlemann-Verlag
Postfach 1307
53583 Bad Honnef
Telefax 0 22 24 / 54 29